法藏知津

三編：佛教文學與藝術研究專輯

杜潔祥 主編

第14冊

「敦煌舞」的佛教藝術思想研究（上）

陳宜青 著

花木蘭文化出版社

國家圖書館出版品預行編目資料

「敦煌舞」的佛教藝術思想研究（上）／陳宜青 著— 初版—
新北市：花木蘭文化出版社，2015〔民104〕
目 4+154 面；19×26 公分
（法藏知津三編：佛教文學與藝術研究專輯　第 14 冊）
ISBN 978-986-322-943-8（精裝）
1.佛教藝術　2.敦煌學　3.敦煌舞譜
030.8　　　　　　　　　　　　　　　　103014786

ISBN-978-986-322-943-8

9 789863 229438

法藏知津三編：佛教文學與藝術研究專輯
第十四冊　　　　　　　　ISBN：978-986-322-943-8

「敦煌舞」的佛教藝術思想研究（上）

作　　　者	陳宜青
主　　　編	杜潔祥
副總編輯	楊嘉樂
編　　　輯	許郁翎
出　　　版	花木蘭文化出版社
社　　　長	高小娟
聯絡地址	235 新北市中和區中安街七二號十三樓
	電話：02-2923-1455 ／傳真：02-2923-1452
網　　　址	http://www.huamulan.tw 信箱 hml810518@gmail.com
印　　　刷	普羅文化出版廣告事業
初　　　版	2015 年 5 月
定　　　價	三編 15 冊（精裝）新台幣 25,000 元

「敦煌舞」的佛教藝術思想研究(上)

陳宜青　著

作者簡介

陳宜青，臺灣高雄人，國立高雄師範大學國文所博士。屏東教育大學、屏東大學通識中心兼任助理教授、高雄市國教輔導團語文領域本土語組專任輔導員。著有《敦煌舞的佛教藝術思想研究》（博論）、《《歌仔戲劇本《天河配》詞彙研究》》（碩論）、期刊論文〈「䴙圓箍」佇元稹、白居易〈胡旋女〉的摹寫〉、〈論本土語之閱讀教學——以《臺灣古詩詞》和歌仔冊之孕產系列為例〉、〈論「敦煌舞」〈六供養〉呈演圓教之美——以 2011/3/27 佛光山南區「禪淨密」法會之演出為例〉、〈再論韓愈〈平淮西碑〉〉、〈《莊子》「養生」之「安時處順」說〉、〈再論《論語》中的「君子」——從「德」到「得」〉、〈從〈論佛骨表〉再論韓愈闢佛〉、〈論詩經中的舞〉、〈夫惟病病，是以不病－試探閩南語《病子歌》〉、〈嘆為觀止敦煌舞 (Dunhuang Dance) ——以佛光山南屏敦煌舞團為觀察對象〉。

提　要

「敦煌舞」源於敦煌寶藏，自清末京劇大師梅蘭芳起，數代舞者臨摹「敦煌石窟經變圖」、造像，提煉為單一定格的舞蹈語彙，配合流傳至今的古樂或當代新編的仿古樂，使諸佛菩薩、天人等靜態形象，連綴成包羅萬有的動態舞碼。

「敦煌舞」的招牌舞姿諸如：「S 型三道彎」、「反彈琵琶」；馳名遐邇的舞碼諸如：「飛天」、「千手觀音」、「天女散花」、「絲路花雨」。甘肅高金榮編寫《敦煌舞教程》，始料未及影響到臺灣敦煌舞的發展，居然成為佛教弘法的重要方式；以美學的發展而言，大陸偏重「藝術美」，臺灣還兼顧「社會美」中的「宗教美」——以舞說法，藉「敦煌舞」弘揚佛教思想。

《六祖壇經》云：「佛法在世間，不離世間覺」。臺灣「敦煌舞」的發皇是實踐「人間佛教」的妙善法門，因為在年度大型法會的流程中常藉「敦煌舞」宣說佛法，「敦煌舞」舞出石窟經變圖的一部分，以「部分借代全體」（見微知著）的方式，舞出所本的佛經，包括西方淨土、東方淨土等，使得來參加法會的信徒和眾生，在「敦煌舞」美姿美儀的視聽饗宴中，同時蒙受法益，福慧雙修。

謝　詞

「願以此功德　莊嚴佛淨土　上報四重恩　下濟三塗苦

若有見聞者　悉發菩提心　盡此一報身　同生極樂國」〔註1〕

本論文的完成，感恩「四重恩」：

感父母重恩——證嚴法師《靜思晨語》引佛說：「父有慈恩，母有悲恩」，尤其「人身難得」；既得人身且能安然成長，更得受教養，皆是父母恩德，非常感謝父母的養育與栽培。

感恩諸佛菩薩、道祖、祖先、眾神明的保佑——佛為眾生修行而成道，是眾生迷途的導航、暗室中出現的慧燈，教導並開啟眾生的佛性。佛是人天導師、眾生慈父，恩德好比乾坤生養萬物，吾等應終身行善、奉行正道，身體力行以報佛恩與天地滋養之恩。

感恩國家——感恩生在和平安樂的國家，感恩風調雨順、國泰民安。感恩國人知恩惜福、克勤節儉，恭敬天地愛護萬物。

感恩眾生——末學要努力學習普賢菩薩的十大願，其中「怨親平等」、「恆順眾生」更是要努力的目標；以知足感恩心包容一切順逆境，以歡喜心廣結善緣。上求佛道下化眾生，進而也成就渺小的自己。本論文寫了好幾年，一路上要感謝好多貴人相助：

感恩家師　林文欽教授多年來的教導，受益良多。家師既是經師、人師也是心靈的導師，傳道授業解惑；課堂上從《易經》、《美學》、《黃庭經》、《悟真篇》、老莊思想點化頑愚；學術上，鼓勵末學多方發表期刊論文；生活上，教導養生氣功促進健康、到名山大川參訪交流增廣見聞、耳提面命「做學問與做人是分不開的，來讀書主要是要學做人」；愛深責切，恍如暮鼓晨鐘，時常警策在人生旅途中跌跌撞撞蒙昧的自己，師恩浩蕩，惟有涓滴以報。同時

〔註1〕〈迴向偈〉，《地藏菩薩本願經》（臺北市：菩恩印刷，2002），頁146。

感恩師母對我們這些學生就像自己的孩子一樣的關心與照顧。

感恩各位口考老師（林文欽教授、林秀貞教授、賴美惠教授、田博元教授、邱敏捷教授、黃敬家教授）的指導，從初審到口考，將近十個月的時間，教導我、鼓勵我，為我上課、評點、訂正，協助學生把論文修得更有品質。老師辛苦了，請多休息！

再來要感恩習舞的因緣：

感恩佛光山南屏敦煌舞團徐玉珍老師多年來的教導，感恩佛光山提供法會梵唄音樂以及表演的舞台給末學練習。

感恩多年前在臺灣師大師大就讀時，體育系劉美珠老師教導的民族舞蹈身段例如：「拉山膀、雲手、雙簧手、臥魚、鷂子翻身」，以及初識 S 形三道彎之美。

感恩上蒼的眷顧，末學雖然不是舞蹈科班出身，從小到大卻一直有因緣學習舞蹈，至今學過韻律、爵士舞、現代舞、瑜珈、原住民舞、日本舞PALAPALA、傳統日本舞、客家採茶舞、土風舞；並從歌仔戲、京劇、豫劇等戲曲中萃取出的舞蹈。

感恩自北涼以來開鑿石窟的歷代藝術巨匠，鬼斧神工的精湛技藝，留下曠古的石雕、彩塑、壁畫，以及衍伸的敦煌舞抄寫本舞譜，眾多佚名的藝術家，雖然許多藝術品已流落異國博物館，雖然許多文獻已成斷簡殘篇，也足以啟迪後學舞藝與研究得以踵繼前賢更上層樓。感謝《四庫全書》、《敦煌寶藏》與許多敦煌壁畫套書收錄的資料；感謝明代大師朱載堉留下插圖加文字的舞譜，感謝在英國發展出的拉邦舞譜，由腳步到身體、由下而上的紀錄法，讓晚生在比對八卦六爻由下而上的發展不謀而合時而驚豔，不由得讚嘆造物主賦予人類思惟之神奇！

習舞的緣起一路走來至今，因為研究與修行而進入不同的層次與境界，是現在進行式，也是未來進行式，從學習佛光山的敦煌舞開始，溯源自敦煌研究院裡許許多多篳路藍縷、代代相傳艱辛的研究者、畫師、編舞者，代代相傳、皓首窮經的奉獻，其中有對佛祖的承諾，有不知從何時以來就有的使命感，有樂在其中的千滋百味。總之，阿彌陀佛！祝大家

新年快樂　無量壽佛　福慧圓滿！！

末學陳宜青合十 2013/1/25 pm11:15

目

次

第一章　緒　論

第一節　前人研究成果及問題的提出

一、文獻探討與前人作品

（一）文獻探討

　　清段玉裁注《說文解字》「河」，記載黃河的發源地之一敦煌時轉引酈氏書引應劭《地理風俗記》曰：「敦，大也；煌，盛也。」〔註1〕大而盛者，敦煌也！「大、盛」正可以說明「敦煌舞」從盛唐延續至今，兼容並包、氣象萬千的泱泱風範。

　　「敦煌舞」在中國被歸爲古典舞之一，優美的「飛天」與「千手觀音」廣爲人知，動人的千姿百態萃取自敦煌石窟。敦煌石窟是莫高窟、西千佛洞、榆林窟的總稱，一般也特指莫高窟。〔註2〕石窟內容由建築、雕塑、壁畫三項結合。〔註3〕敦煌莫高窟迄今保存了735個洞窟、45000平方米壁畫、2000多身彩塑、5座唐宋窟檐，可謂公元4至14世紀中國佛教美術藝術的高度成就，〔註4〕並早已爲中外美術界、舞蹈界臨摹與研究。

〔註1〕東漢許慎著，清・段玉裁注：《說文解字》，（臺北市：書銘出版，1992.9），頁521。

〔註2〕李濤：《佛教與佛教藝術》，（臺北市：水牛，1992），頁235～236。

〔註3〕史敏：〈敦煌壁畫伎樂天舞蹈形象呈現研究──動靜中的三十六姿〉，北京舞蹈學院學報，2007年4月。

〔註4〕樊錦詩：〈主編寄語〉，王克芬（1927～）：《天上人間舞蹁躚》，上海：上海人民，2007年。

　　然而敦煌寫卷今剩殘簡且流落多國，因清末國勢積弱，外國考古者以強權者才有能力保護世界遺產之心態，伺機剽竊出境。

　　西元 1900 年（清光緒二十六年），王圓籙道士偶然在敦煌藏經洞發現大量寫本卷子（印本、拓本、畫幡等）。1907 年（清光緒三十三年）英國人斯坦因（Aurel Stein，1862～1943）帶回大量寫本，現藏大英博物館，以 S 編號。1908 年法國人伯希和（Paul Pelliot，1878～1945）帶回，現藏法國國立圖書館、巴黎吉美博物館〔註 5〕，以 P 編號。後來俄、美、日等接踵而至，〔註 6〕以致敦煌寫卷分散各地，但有關樂舞的資料並不多，並被分爲六類：（一）琴譜（二）音樂部（三）樂譜（四）敦煌曲譜（P3803）（五）敦煌舞譜（S5643、P3501）（六）敦煌歌詞。

　　其中和「敦煌舞」有關的是第（五）項「敦煌舞譜」，共有兩帙，即現藏巴黎的 P3501 和倫敦的 S5643（1986 年又發現 S5613 殘譜）。合計有文字譜二十四篇，每篇有「曲名、序詞和字譜」三部分，所用之譜大多爲動作記號。

　　巴黎所藏之 P3501，循序共有〈遐方遠〉（一）、〈南歌子〉、〈南鄉子〉、〈遐方遠〉（二）、〈雙鷰子〉、〈遐方遠〉（三）、〈浣溪沙〉、〈鳳歸雲〉等八譜，重名者略之爲六調。——饒宗頤考證爲後周時，承唐啓宋之作。

　　倫敦所藏之 S5643，乃小冊殘葉，存〈鷰山溪〉、〈南歌子〉、〈雙鷰子〉三調，書於《心經》之後，前有〈曲子送征衣〉。〔註 7〕

　　從 1930 年代起學者投入研究成果日豐，如：香港饒宗頤、中國柴劍虹、王克芬、董錫玖、席臻貫、日人水源謂江等。羅庸和葉玉華認爲唐人「打令」（行酒令之舞）〔註 8〕與敦煌舞有關，其後王小盾續做相關研究。

　　以「舞譜」爲主題檢索，查詢國家圖書館臺灣期刊論文索引有 11 筆資料，而在中國期刊全文數據庫，1994～2011 共有記錄 81 條的短篇論文，與本論文有較密切相關的爲明朱載堉的舞譜討論，以及戴愛蓮先生的貢獻，例如首編〈荷花舞〉與〈飛天〉等舞碼，而〔韓〕申明淑《中國納西族東巴舞譜研究：兼論巫與舞、舞蹈與舞譜》〔註 9〕則詳細介紹 Notation 與舞譜的淵源。

〔註 5〕巴黎吉美博物館 http://www.guimet.fr/article449,449 2011/8/23 am10:00 搜尋。
〔註 6〕張翠萍：〈敦煌悲天〉，山西檔案，2001 年第 6 期。
〔註 7〕席臻貫：《古絲路音樂暨敦煌舞譜研究》，（甘肅：敦煌文藝出版，1992.7），頁 2。
〔註 8〕唐人喝酒時，一人念唱、做動作，並以樂器伴奏，如有錯誤則罰酒。
〔註 9〕〔韓〕申明淑：《中國納西族東巴舞譜研究：兼論巫與舞、舞蹈與舞譜》，北京市：學苑，2007。

「敦煌舞」相關研究輩出，約可分為兩條路線：著眼於壁畫的「藝術美」，以及從壁畫衍生的「舞蹈理論與實踐」；研究的著作約有以下幾類：

考古舞譜：席臻貫《古絲路音樂暨敦煌舞譜研究》、王小盾《唐代酒令藝術：關於敦煌舞譜、早期文人詞及其文化背景的研究》、史敦宇、金洵《敦煌舞樂線描集》、饒宗頤〈後周整理樂章與宋初詞學有關諸問題──由敦煌舞譜談後周之整理樂章兼論柳永《樂章集》之來歷〉等。

佛教壁畫賞析：沈以正《敦煌藝術》、林保堯《佛教美術講座》、李濤《佛教與佛教藝術》、李玉珉《中國佛教美術史》、李玉珉・林保堯・顏娟英：〈寫給大家的佛教美術〉、莊伯和《佛像之美》、業露華《中國佛教圖像解說》、陳國寧《敦煌壁畫佛像圖研究》、賴傳鑑《佛像藝術：東方思想與造形》、林保堯〈敦煌壁畫與佛教藝術〉、方初惠〈瑰麗燦爛的壁畫藝術〉、彭敏華〈從雲朵與飛天談敦煌表演藝術〉等。

敦煌舞教學：高金榮《敦煌舞教程》、《敦煌舞蹈》、常書鴻・李承仙《敦煌飛天》、潘莉君〈敦煌舞蹈手姿介紹〉、蕭君玲・鄭仕一〈敦煌舞蹈教學原則暨教學計畫範例設計〉、王秀珍〈敦煌壁畫中樂舞的節奏主導者──打擊樂器〉、史敏〈敦煌壁畫伎樂天舞蹈形象呈現研究──動靜中的三十六姿〉、劉建、酉藝〈滿壁飛動之動──敦煌伎樂天舞蹈形象呈現研究〉、馬翱〈試論唐樂舞元素在當代古典舞中的應用〉等。

外舞內修（以敦煌舞作為修行的一種方式）：周玉卿〈修行之舞的發軔〉、聖嚴法師〈念觀音　求觀音　學觀音　做觀音〉、〈自利利他的七種觀音法門〉、許翠谷〈有求必應〉、張錦德〈深入《觀音》的世界〉等。

舞者、舞作與傳承：李天民〈在臺灣看敦煌舞蹈文化〉、高金榮〈古老舞蹈的新生命──洞窟裡的舞蹈傳奇〉、韓國鐄〈敦煌舞的再現──學術和表演合作的結晶〉、劉一〈當代中國大陸敦煌舞及其歷史背景試談〉、秦澍〈集敦煌舞風之大成、開中國古典舞先河者──《絲路花雨》〉、張瓊方、頭川昭子（Akiko Zukawa）〈中國女性古典舞踊作品のイメージと表現〉、黃凱寧：《臺灣敦煌舞蹈發展之研究》、陳冠豪《思・想・起・舞》一位台灣女性舞蹈家的敦煌想像〉、米亞〈佛教藝術　敦煌舞蹈〉、華美娟〈敦煌瓔珞與演出效果〉、秦澍〈集敦煌舞風之大成、開中國古典舞先河者──《絲路花雨》〉等。

（二）前人作品

近百年來發皇敦煌舞的前賢踵繼，有根據經變圖溯源佛經開發編導的劇

作家、舞蹈家；有終身奉獻石窟多次臨摩斑駁壁畫的畫家，他們的作品爲現在的敦煌舞演出奠定重要的基礎。

敦煌舞的演出溯及 1920 年，京劇大師梅蘭芳是第一位將敦煌舞蹈搬上戲曲舞臺演出的藝術工作者，依〈維摩詰經變〉中「飛天」圖像編創「天女散花」。

1941 年國畫大師張大千到敦煌石窟，用隨身攜帶的絹素臨摹了二十餘幅包括供養人、飛天、高僧和菩薩等單身壁畫。

1953 年，在中國的舞蹈家戴愛蓮（1916～2006）開始模擬敦煌石窟壁畫、彩塑編出「獨舞」、「雙人飛天舞」（右圖）、「群舞」，其中「飛天」之「彩帶」舞從崑曲中學習。〔註10〕

1978 年，甘肅省藝術舞團以敦煌壁畫畫師故事爲背景編創〈絲路花雨〉舞劇。著作〈敦煌飛天藝術〉的美術史家譚樹桐，爲考察絲綢藝術之路而殉職；畫家吳曼英於 1977 年到陰暗的石窟中，備極艱辛地臨摹了典型舞姿一百二十三幅，之後李承仙逐一比對每一洞窟評爲「準確無誤」。

1978 年，甘肅省藝術舞團以敦煌壁畫畫師故事爲背景拍攝「絲路花雨」舞劇。1980 年電影《絲路花雨》演出關於大唐盛世的敦煌舞劇，此創作推測

〔註10〕圖片來源：劉建、西藝〈滿壁飛動之動——敦煌伎樂天舞蹈形象呈現研究〉，《北京舞蹈學院學報》，2007 年 4 月。

「反彈琵琶」舞姿之由來。〔註 11〕其後高金榮校長創辦甘肅舞蹈學校，有系統地編制敦煌舞教材並書錄之，〔註 12〕《敦煌舞》一書首先把敦煌壁畫、彩塑等靜態舞姿提煉爲動態教程。國學大師季羨林，盛讚敦煌舞發展前途無量，啓示後進承前啓後、繼往開來。〔註 13〕史敏認爲：舞劇《絲路花雨》開創了舞蹈中的敦煌舞派，被評爲 20 世紀經典舞蹈作品。〔註 14〕

1988 年 8 月吐魯番學會北京之會，再現敦煌古舞，演出〈南歌子〉，由舞蹈史家彭松發表舞譜研究結果、何昌林譯譜、馮碧華以拉邦（Laban）舞譜紀錄，引起很大的迴響。〔註 15〕

在臺灣早有國立藝專李天民教授推廣「敦煌舞」，之後桃李遍布，蔚然成風，臺灣藝術大學林秀貞教授、佛光山敦煌舞團徐玉珍、鄭秀眞諸師多年來在北中南培育許多敦煌舞者，融修練於力與美之中。

二、問題的提出

研究「敦煌舞」，首先要思惟的是：

爲何要跳「敦煌舞」？

爲何「敦煌舞」在中國與臺灣如此風行？

在中國，多年來舉辦大型活動，例如：跨年的春節晚會（簡稱「春晚」）、北京奧運，都有「千手千眼」的演出，誠然「敦煌舞」已蔚爲代表中國的一種特色；

在臺灣，這幾年在大型的佛教法會中「敦煌舞」經常扮演「畫龍點睛」的角色，「敦煌舞」儼然已成爲弘揚佛法的方便且重要的法門，尤其值得探討「以舞弘法」背後深邃的的思惟——

要如何藉舞弘法，如何提起眾生自覺覺人、勇猛精進的慕道之心？

大乘佛教慈悲爲懷，諸佛菩薩要以無量心度化眾生；眾生平等，本自具足清淨的佛性，但因無明，是以煩惱執著顛倒妄想，但只要轉迷爲悟，

〔註 11〕 高金榮：〈古老舞蹈的新生命——洞窟裡的舞蹈傳奇〉，《表演藝術》第 20 期，1994 年 6 月。

〔註 12〕 劉一：〈當代中國大陸敦煌舞及其歷史背景試談〉，《金色蓮花》，1995 年 8 月，頁 50～57。

〔註 13〕 高金榮：〈敦煌舞蹈的基本訓練〉，《敦煌舞蹈》，頁 140。

〔註 14〕 史敏：〈我的一生都屬于敦煌舞〉，中國甘肅網，2008.08.14。

〔註 15〕 參見韓國鐄：〈敦煌舞的再現——學術和表演合作的結晶〉，《表演藝術》第 20 期，1994 年 6 月。

轉識成智，眾生就能轉煩惱爲菩提，回到自性彌陀的眞如本性，終能成就佛道。《六祖壇經》云：「佛法在世間，不離世間覺，離世覓菩提，恰如求鹿角。」〔註16〕

臺灣「敦煌舞」與佛教法會結合，是人間佛教的方便法門，但要如何舞？如何編排設計，才能呼應石窟經變圖與造像背後的佛經，進而感動信徒、激發與會者，生起修行，學佛、行佛的心，如同〈三皈依〉所言：

自皈依佛，但願眾生，體解大道　發無上心
自皈依法，但願眾生，深入經藏　智慧如海
自皈依僧，但願眾生，統理大眾　一切無礙。〔註17〕

參與法會的眾生，沐浴在佛光普照的慈悲中，在賞心悅目的同時發菩提心、四無量心，加入改造自己、造福眾生的菩薩道，進而成就佛道。

筆者認爲「敦煌舞」不只是舞出力與美的平衡而已，作爲一個虔誠的佛教徒，有弘揚佛法的使命感——

「敦煌舞」不只是洞窟藝術的壁畫舞姿，還要「以舞說法」，弘揚佛法，尤其是《阿彌陀經變》、《藥師經變》、《觀音經變》背後的信仰，影響民間世代深遠。而這些經變以講經文的方式呈現時，不但使佛教思想的流布，也融入儒家、道家思想而不可也不需切分了。這種自然而然，隨著時間逐漸互相滲透交融、互補或說互文見義的方式，在歷代史書中的《文苑傳》、《藝文志》、《音樂志》多少可以看出其中潛移的軌跡，有賴研究者抽絲剝繭理出脈絡。

一般人與信徒觀賞敦煌舞時，可能如同當代舞蹈家林懷民曾言只要覺得高興、感動就好了，不用去了解這個動作是什麼意思。但，身爲業餘舞者以及研究者，會想拆解舞碼爲一個一個動作爲個別的舞蹈語彙，再試圖了解各個舞蹈語彙排列組合的結構、解構，之後進一步分析每個動作或舞碼背後的思想或美學風格，而我並不是第一個作這樣研究的先鋒，感謝民初以來已有多位舞蹈家與學者，作開路先導，梅蘭芳、戴愛蓮編了許多舞，學者陳寅恪〔註18〕、劉復（半農）、饒宗頤對於相關文獻作了許多解讀以提點後輩，是以筆者決定踵繼前賢，再做深入的探究。

〔註16〕《六祖壇經》曹溪原本，（臺北市：佛陀教育基金會，2009.5），頁24。
〔註17〕南山律祖道宣大師〈五戒誦戒儀軌·受十善法·三皈依〉，《佛遺教三經》，（臺南市：和裕，2007），頁87。
〔註18〕陳寅恪：〈敦煌本維摩詰經文殊師利問疾品演義跋〉，《中央研究院歷史語言研究所集刊》，2.1（1930）：6～10。

第二節　研究範圍的界定

在二十世紀七十年代以前的歷史文獻或是舞蹈記錄中，都沒有「敦煌舞」這個名稱。現今以「敦煌」冠名的舞蹈，源於敦煌莫高窟壁畫上的舞姿，並啓發當代舞蹈藝術先賢創作出來的一個新舞種。〔註19〕「敦煌舞」之名分化於「敦煌學」，〔註20〕河西走廊上的敦煌莫高窟，被藝文界譽爲音樂舞蹈的博物館。〔註21〕就藝術而言，有空間藝術與時間藝術之分，前者如建築、雕塑、繪畫、工藝、書法、篆刻；後者如音樂、舞蹈，是稍縱即逝的，是連續的節奏流轉。當今的「敦煌舞」是以敦煌佛教壁畫中的舞姿爲基底，再揉合西域、印度、中東、東歐、中原樂舞而形成。本文的研究範圍概略有三：敦煌抄寫本零星舞譜、敦煌石窟經變圖與相關佛經、相關的中國古典詩文。

一、零星舞譜

西元 1900 年，敦煌莫高窟的一個藏經洞被發現了記錄舞蹈的殘缺寫卷。根據王克芬的整理，其中一大部分在一九○七年至一九○九年間已被匈牙利人斯坦因、法國人伯希和、俄國人奧里敦保等強行運出國外，中國學者和政府之後力圖挽回收藏未果。〔註22〕

傳世敦煌舞譜以現存英法博物館者較爲完整。自一九一九年起，中國學者屢次前往倫敦、巴黎檢抄被劫取的敦煌文獻。

一九二五年，劉復（半農）留學法國時將其所發現的伯三五○一號寫卷（P3501）刊入《敦煌掇瑣》，命名爲「舞譜」，敦煌舞譜遂爲人所知。

一九六○年，饒宗頤將其所發現的斯五六四三號寫卷（S5643）載入《敦煌琵琶譜讀記》（1960，新亞書院期刊），敦煌舞譜研究遂成爲專門學問。

《敦煌琵琶譜讀記》並錄有其他零星涉及舞容者，如：《別仙子》只記段拍之數，《南歌子》記明「上酒……開平己巳歲」（梁祖三年，西元 909），可略知其時代與性質。法京之譜其背爲周世宗顯德五年戊年（西元 958）四月押

〔註19〕參見賀燕雲：〈敦煌舞名稱的由來〉，《舞蹈論叢》，（北京市：2008 年第 8 期），頁 34～35。

〔註20〕「敦煌學」已是一門國際學科，二十世紀以來，中外學者就敦煌石窟中的文書與藝術作了大量的研究，內容包羅歷史、地理、宗教、民族、民俗、文學、考古、語言、社會、經濟等，形成一個學科群。

〔註21〕葉寧：〈敦煌舞和敦煌學〉，《舞蹈論叢》，1983 年第 4 期。

〔註22〕參見王克芬：《中國舞蹈發展史》，（臺北市：南天，1991），頁 231。

衙安員進牒，可暫定為後周寫本。這些舞譜的年代，約當五代時期，五代介於唐末宋初，正是「曲子詞」（詩餘）發展興盛的時代，「曲子詞」結合「歌」與「舞」的藝術表演，多用於飲筵侑酒的場合。

一九八四年柴劍虹發現斯七八五號舞譜（S785），一九八六年李正宇發現斯五六一三號舞譜（S5613），一九九三年方廣錩發現北殘八二〇號舞譜，敦煌舞譜便達到五卷之數。〔註23〕

隨著各國漢學研究人員的增加，一方面研究的範圍可能加廣加深並趨於精密質化，一方面也有可能再度發現之前湮沒不彰的敦煌舞譜。至於現存的零星舞譜，在《續修四庫全書・子部・藝術類 1096》收錄敦煌曲子譜一卷、兩卷敦煌舞譜（五頁），舞譜掃瞄稿請見本論文〈附錄〉：〔註24〕

根據王小盾的整理，認為這些零星舞譜是酒令舞譜，內容包含：曲名、序詞、字組。曲名有〔南鄉子〕、〔鳳歸雲〕、〔遐方遠〕、〔雙燕子〕、〔浣溪沙〕、〔驀山溪〕等；序詞說明曲子搭配舞的節拍、節奏、段落起止轉換等；字組由「令、送、舞、據、奇、搖、頭、約、搜、請、與」等字組合而成。〔註25〕

雖然零星舞譜資料不足，雕塑與壁畫的資料分散各地，所幸目前印刷出版以及網路發達，對於這些文化公共財也有部分文化單位或部落格不吝分享，對照運用到所學的當代所編的舞姿，配合古典詩文相關的描述與石窟經變圖所根據的佛經原典，加上想像與拼湊，依稀可以在吉光片羽中還原敦煌舞的原型與架構。

現今關於敦煌舞的論文，多是舞蹈科系的學生或師長的研究觀察，對於舞譜中的用字與古典詩文對於舞蹈的詮解還有再深究的空間，尤其是文字學及訓詁學的部分尚未見到有所討論，若以敦煌舞曾經在盛唐風行的盛況推測，融合中西的舞姿，必然也會因著「風行草偃」從宮廷流行到民間，與民間疾苦攸關的《樂府詩》、中唐時代的元稹、白居易的新題樂府，或者運用陰陽五行、八卦方位留下的〈舞賦〉，都還有許多闡釋與發揮的空間。

〔註23〕參見王克芬：《中國舞蹈發展史》，頁 231。
〔註24〕如附件，《續修四庫全書・子部・藝術類 1096》，（上海市：上海古籍，1995），頁 7～11。
〔註25〕王小盾：《唐代酒令藝術：關於敦煌舞譜、早期文人詞及其文化背景的研究》，臺北市：文津，1993。

二、敦煌石窟經變

（一）敦煌石窟之莫高窟

「莫高窟」俗稱「千佛洞」，是中國也是世界上現存規模最爲宏大、保存最爲完好的佛教藝術寶庫。「莫高窟」開鑿在鳴沙山東麓的崖壁上，上下分爲五層，南北長約 1600 米。位於甘肅省敦煌縣城東南約 25 公里處，是中國最大、最富麗的古代石窟群。據唐代武周聖歷元年（698 A.D）〈李懷讓重修莫高窟碑〉記載：

> 莫高窟者，厥初秦建元二年，有沙門樂傳，戒行清虛，執心恬靜，嘗杖錫林野，行至此山，忽見金光，狀有千佛，遂架空鑿巖，造窟一龕。次有法良禪師，從東屆此，又於傳師窟側，更即營建。伽藍之起，濫觴於二僧。

依據〈李懷讓重修莫高窟佛龕碑〉記載：莫高窟創建於前秦建元二年（366），一位戒行清虛、執心恬靜的和尚樂傳，雲遊至三危山，忽見金光燦爛狀如千佛閃耀，隨即悟到這是佛光點化，應在這裏築窟造像以弘揚佛法。於是，樂傳和尚開鑿了第一個洞窟佛龕。不久，又從東方來了一位法良禪師，在樂傳的窟旁又開鑿了一個洞窟。此後歷經千餘年至今，已有 492 個歷代開鑿的洞窟。

「莫高窟」這個名稱最早出現在隋代洞窟第 423 號洞窟題記中，其名稱的由來大抵有幾種說法：

其一，莫高窟開鑿於沙漠的高處而得名，在古漢語中「沙漠」的「漠」和「莫高窟」的「莫」是通假字；

其二，從藏經洞出土的文書和許多唐代文獻都記載，唐代沙州敦煌縣境內有「漠高山」、「漠高里」之稱，據此考證，鳴沙山在隋唐也稱漠高山，因此將石窟以附近的鄉、里名稱命名；

其三，梵文「莫高」之音是「解脫」之意，「莫高」是梵文的音譯。

其四，古人相信神佛至高無上，爲了紀念樂傳和尚「莫高於此」的功德，將該石窟群定名爲「莫高窟」。〔註26〕

「莫高窟」又名「千佛洞」，乃因洞窟內有許多佛像和壁畫；數百座洞窟，及窟內眾多佛像和壁畫，皆因樂傳和尚當年所見佛光如千佛顯現，因得神諭而建。

〔註26〕林潔心：〈神傳文化造敦煌（三）〉，《大紀元》，2008.8.4。

中國西北浩瀚荒漠中的三危山，自從出現了千佛金光，就被百姓視爲神山，並在山上興建廟宇祈求平安；歷代供養人（出資人）也大手筆聘請精工巧匠開鑿佛窟，祈禱福壽以及商旅、軍隊在沙漠中往來平安，三危山逐漸成爲敦煌的佛國聖地。

而從敦煌的地理位置來看，氣候乾燥使得莫高窟中精美的壁畫能長久保留。以莫高窟現有的輝煌，可以想像中原文化藝術曾有何等的光芒。

從任何一個繁華的城市到敦煌，都要經過酷熱的戈壁沙漠，忍受滿目的風沙、乾燥惡劣的天氣，莫高窟距敦煌古城還約有 30 公里，行路艱難，佛似乎藉此提醒朝聖者，紅塵到天堂有多遠，要有艱辛的付出，才能見到莊嚴神聖的天國世界。因此若不是精神上堅定的信仰，很難使開鑿者和修行者在這裏留下來，忍受荒漠中的生活。

莫高窟創建於前秦建元二年（366）僧人樂僔在崖壁上開鑿第一個洞窟，到唐代已有「窟龕千餘」，累計從十六國、北魏、西魏、北周、隋、唐、五代、宋、西夏、元等十個朝代的相繼開鑿，形成了一座內容豐富、規模宏偉的石窟群，至今保存洞窟 492 個，壁畫 45000 餘平方米，彩塑 2415 餘身，唐宋木結構的窟簷 5 座，蓮花柱石和鋪地花磚數千塊。

窟的形制有禪窟與中心柱式、方形佛殿式和覆斗式，最大者高達 40 餘米，30 米見方，最小者高不到一尺。造像都是泥質彩塑的，有單身像和群像兩種。佛像居中，兩側侍立弟子、菩薩、天王、力士等，少則 3 身，多則 11 身，佛像塑造精巧、神態各異，其藝術造詣之高深，令人歎爲觀止。

敦煌石窟融合中西，創造了輝煌燦爛的藝術，並爲我們今天的研究提供了很好的資源，雖然其中的文物今已散落各國博物館及私人收藏——

清光緒二十六年（1900）五月二十六日，莫高窟道士王圓籙，偶然在現編號爲第 17 的窟中發現了一個「藏經洞」，洞裏藏有從四世紀到十四世紀的歷代文物五、六萬件，這是二十世紀初中國考古學上的一次重大發現。其中的「寫本」文書，除漢文外，還有藏文、梵文、佉盧文、粟特文、古和闐文、回鶻文等多種民族文字的寫本，其數量約占總寫本數量的六分之一，並有絹本的繪畫、刺繡等美術品數百件。寫本中除有大量的佛經、道經、儒家經典之外，還有史籍、帳冊、曆本、契據、信箚、狀牒等多種形式的文獻資料，這些文書對於研究中國古代的政治、經濟、文化、軍事以及中外邦交等問題，具有重要的歷史、科學價值。

但藏經洞的文物發現以後，從 1907～1925 年間，先後遭到英國的斯坦因、法國的伯希和、沙俄的鄂登堡、日本的桔瑞超、美國的華爾納等人的偷盜和掠奪，僅斯坦因一次就劫走寫本、文物 29 大箱。1943 年在敦煌設立了敦煌藝術研究所，對這裏的珍貴文物進行修復、保管和研究工作。1950 年改爲敦煌文物研究所，對洞窟進行了全面的修復。1963～1966 年期間，又對近 400 個洞窟進行了加固，保證了洞窟的安全。〔註 27〕

石窟文物流落各國固然遺憾，但如果敦煌文物沒有被發現，今天不會形成國際敦煌學的研究風潮，文物藝術可能永遠塵封在洞窟中不爲人知，不會像現在被放在各國的博物館中吹冷氣，受到漢學家的重視，雖然有很多現在仍無法破解其意，筆者姑且稱之爲「有字天書」。

（二）經變圖〔註 28〕

莫高窟內至今仍保有許多經變壁畫，經變是莫高窟壁畫的主體，佔了最主要的地位，最大的面積和數量。莫高窟的壁畫歸納爲五類：經變、本生故事、尊像圖、供養人像、圖案裝飾。〔註 29〕

「經變」，經是「佛經」，變是「變相」或「變現（形象化）」；「經變圖」就是佛經的圖像。〔註 30〕

宣傳佛教經文教義的兩種最主要的藝術形式是「變文」和「變相」。「變文」是敦煌藏書中的說唱文學作品，向僧俗衍述佛經故事的一種文體。「變相」是用具體的形象描繪佛經故事的雕塑及繪畫。〔註 31〕

敦煌「變文」按內容分爲講唱「佛經故事」與「非佛經故事」，前者如：〈阿彌陀經變文〉、〈維摩經變文〉、〈降魔變文〉、〈目連救母變文〉，後者如：〈董永變文〉、〈伍子胥變文〉、〈漢將王陵變文〉、〈王昭君變文〉、〈孟姜女變文〉、〈張議潮變文〉、〈張准深變文〉。〔註 32〕

〔註 27〕參見敦煌文物研究所編：《敦煌的藝術寶藏》，〈常書鴻代序〉，文物出版社，1982.9。

〔註 28〕關於經變畫的研究，中國、日本學者已有幾百筆的成果，詳見王惠民：〈敦煌經變畫研究論著目錄〉，《敦煌研究院》，2009.5.14。

〔註 29〕李濤：《佛教與佛教藝術》，（臺北市：水牛，1992.6.1），頁 246。

〔註 30〕李濤：《佛教與佛教藝術》，（臺北市：水牛，1992.6.1），頁 246。

〔註 31〕何山：《西域文化與敦煌藝術》，（湖南：湖南美術，1990 年 2 月），頁 358～359。

〔註 32〕何山：《西域文化與敦煌藝術》，（湖南：湖南美術，1990 年 2 月），頁 359～360。

　　「經變畫」題材取自佛教經典：〈西方淨土變、東方藥師變、彌勒變、法華經變、維摩經變、天請問經變、金剛經變、報恩經變、華嚴經變、牢度叉鬥聖變、本行經變、降魔變、涅槃變、金光明經變、楞伽經變、陀羅尼經變〉等等。其中最多的是〈西方淨土變〉，達一百二十多壁。變裡面又分「品」，每一品都包含一個完整的故事。〔註33〕

　　早期壁畫主要是佛菩薩像和佛傳故事、本生故事畫。窟內絢麗多彩的壁畫的主要內容是形象化的佛教思想，如早期洞窟中的各種「本生」、「佛傳」故事畫，中晚期洞窟中的「經變畫」和「佛教史跡畫」等。

　　石窟經變壁畫中既表現了佛教經典內容，還穿插描繪了當時的一些社會生活，例如：中國古代狩獵、耕作、紡織、交通、作戰，以及房屋建築、音樂舞蹈、婚喪嫁娶等生產活動。壁畫中的人物形象和供養人（出資人）的畫像，保留了歷代各族人民的衣冠服飾資料。在各個時代的故事畫、經變畫中，所繪的亭臺、樓閣、寺塔、宮殿、院落、城池、橋樑和現存的五座唐宋木結構窟簷，都是研究中國古代建築珍貴的資料。

　　石窟經變圖保留大量的壁畫和彩塑，為研究中國的美術史提供了豐富的實物資料。因為中國的雕塑和繪畫，雖已有數千年的悠久歷史，但美術史上記載的許多名家（例如晉代的顧愷之，唐代的閻立本、吳道子等）作品，多已失傳，卻因為敦煌石窟藝術的保存而再現優秀的藝術傳統，其中不但有所繼承還吸收和融合了許多外來藝術的精髓。〔註34〕

　　印度佛經流傳到中國，〔註35〕即使透過漢譯，原典精深如何深入民間以

〔註33〕李濤：《佛教與佛教藝術》，（臺北市：水牛，1992.6.1），頁246～247。

〔註34〕「歐亞大陸上的古老文化，諸如：古代中國文化、古代印度文化、古代波斯文化、馬其頓東征帶來的古希臘文化交匯融合。」又如：印度佛雕造像既有本土的「秣兔羅」風格還受到來自羅馬的「犍陀羅」風格。

〔註35〕記者馮國、段博：〈專家認為：佛教傳入中國內地最遲應在秦始皇時代〉，新華網2009.05.09 16:33:21。
　　　佛教傳入中國的時間，學術界多數認為是在東漢明帝時期（西元67年）。皇帝詔書、佛典東傳與佛寺建立，是學者們判定佛教在漢明帝時傳入中國的主要依據。但陝西省考古研究院研究員韓偉發表，《佛教傳入中國應在秦始皇時代》一文中，認為「司馬遷，《史記》中有秦始皇『禁不得祠』的明確記載，它與『明星出西方』等國家大事相提並論。從語言學上看，『不得』就是『佛陀』的音譯，『不得祠』就是佛寺。秦始皇下令禁止佛寺，足見佛教在當時社會的普及。因此，我們應把佛教傳入中國內地的時間修正為秦始皇時代。」

弘揚佛法？僧侶講經說法爲了深入民間而發展出深入淺出的方式，稱爲「經變」，「經變」或透過再翻譯使佛經成爲通俗化的讀本而產生「變文」；或透過說唱藝術而有「寶卷、彈詞」；或透過繪畫、壁畫即「經變圖」，其中敦煌石窟壁畫中的變相圖〈西方淨土變〉最多，〈藥師淨土變〉居二，〈彌勒淨土變〉第三。〔註36〕

伴隨佛教思想的流布與佛法的弘揚，「經變」以各種形式出現而深入民間，經變的各種呈現方式使大乘佛法在中國落地生根逐漸成爲中國化的佛教，「經變」可謂功不可沒，演變至今天的臺灣，其中最盛行的藝術表演便是敦煌舞蹈文化的發展。

相關佛經

常書鴻說：「莫高窟早期壁畫主要是佛菩薩像和佛傳故事、本生故事畫。」〔註37〕

中國民間信仰的俗語有：「家家彌勒／陀佛〔註38〕，戶戶觀世音。」與經變圖攸關的佛經有《心經》、《大悲咒》、《阿彌陀經》、《觀無量壽經》、《妙法蓮華經》、《藥師如來本願功德經》、《維摩詰經》、《華嚴經》；與懺悔法門有關的《梁皇寶懺》、《慈悲三昧水懺》、《八十八佛大懺悔文》；與救度眾生法會有關的《瑜伽焰口施食要集》、《中峰三時繫念》，這些經典與經變圖都被融入臺灣佛教法會中的敦煌舞表演。

〔註36〕賴傳鑑編著：《佛像藝術：東方思想與造形》，（臺北市：藝術家，1980.8.20），頁130。

〔註37〕敦煌文物研究所編：《敦煌的藝術寶藏》常書鴻〈代序〉，文物出版社，1982年9月。

常書鴻代序：「歐亞大陸上的古老文化，諸如：古代中國文化、古代印度文化、古代波斯文化、馬其頓東征帶來的古希臘文化交匯融合。莫高窟俗稱千佛洞，是中國最大、最富麗的古代石窟群。據唐代聖歷元年（698 A.D）〈李懷讓重修莫高窟碑〉記載，莫高窟創建於前秦建元二年（366 A.D），到唐代已有「窟龕千餘」，至今仍保存十六國、北魏、西魏、北周、隋、唐、五代、宋、西夏、元等十個朝代的洞窟，四百九十二個，壁畫四萬五千餘平方米，塑像二千餘身，唐宋窟檐木構建築五座。……早期壁畫主要是佛菩薩像和佛傳故事、本生故事畫」。

〔註38〕有「彌勒佛」和「彌陀佛」兩種說法，彌勒佛大肚能容笑口常開，一般家裡和作生意的店面常見門口擺一尊彌勒佛；「彌陀佛」就是「阿彌陀佛」的省稱，淨土法門簡單易行，是阿彌陀佛的四十八大願之一，仗持阿彌陀佛的願力，只要誦持「阿彌陀佛」的名號，就可以得到阿彌陀佛的接引往生西方極樂世界。

　　絕大部分經變畫都有與之相對應的佛經，如：〈華嚴經變〉與《華嚴經》、〈法華經變〉與《法華經》、〈維摩詰經變〉與《維摩詰經》、〈楞伽經變〉與《楞伽經》、〈金光明經變〉與《金光明經》等等。只有〈牢度叉鬥聖變〉是個例外，它沒有對應的佛經，主要取材于講唱文學作品《降魔變文》，但在敦煌壁畫上的表現形式完全等同經變畫，也繪於主室，所以仍歸於經變畫類。

　　經變畫是指依據一部佛經來繪製的繪畫作品，主題鮮明，內容具體，有別於沒有情節的單尊像和說法圖，而情節生動的本生、因緣、戒律等故事畫在廣義上可歸於經變畫，但多數情節只選取佛經的一部分，不代表全經的主要內容，故而單獨歸於故事畫。例如：以《敦煌的藝術寶藏》所列經變壁畫〔註39〕簡表如下：

形　　象	姿　態　特　徵	朝代	石窟編號
飛天		北魏	257
飛天	似潛入水中，腳在上	唐	158
天宮伎樂		西魏	288
天宮伎樂		北魏	435
舞樂		唐	320
伎樂供養		唐	159
伎樂		唐	445
舞樂		唐	320
舞樂	反彈琵琶	唐	112
對舞	相對而舞	唐	220
菩薩		唐	199、14
思惟菩薩		唐	71、148
供養菩薩	托腮	唐	57、220
供養菩薩		西魏	285
供養菩薩		北魏	431
供養侍女		唐	17
聽法菩薩	徐師所編之基礎「坐姿」起始時似仿之	唐	158

〔註39〕敦煌文物研究所編：《敦煌的藝術寶藏》，文物出版社，1982.9。

土蕃贊普聽法		唐	159
普賢菩薩		唐	159
大勢至菩薩		唐	196
力士		唐	112
嫁娶		唐	445
看經弟子		唐	201
張議潮出行圖		唐	156
樹下彈箏		唐	85
屠房		唐	85
于闐國王		五代	98
舞樂		五代	98
射鹿		五代	98
北族王		五代	146
文殊變		五代	220
伎樂天		北宋	431
于闐公主		北宋	61
大佛光寺		北宋	61
大建安寺		北宋	61
行旅		北宋	61
男供養人		西夏	409
熾盛光佛		西夏	61
羅漢		西夏	97
四菩薩（姿態不同）	站姿 S 形 1. 雙手捧物 2. 佛手對腕（左上右下） 3. 頭歪、右手提，左手身側 4. 左手提，右手推至約臍前	西夏	328
歡喜金剛		元	465
千手千眼觀音		元	3
吉祥天		元	3
婆藪仙		元	3

彩塑

形　　象	姿　態　特　徵	朝代	石窟編號
交腳彌勒		北魏	254、275
佛		北魏	248、259、260
思惟菩薩　　　.		北魏	257
菩薩		北魏	248、432
影塑〔註40〕供養菩薩		北魏	248
迦葉		北魏	439
菩薩		北周	290
影塑羽人		北周	
菩薩	204 合掌站姿（掌約於膻中穴） 420 有鬍子	隋	204、206、244、419、420、427
阿難		隋	419、427、420
迦葉		隋	419
力士、天王、地神		隋	427
天王	46 已腐朽 322 右手立掌左手持某物推出	唐	46、196、322
迦葉		唐	45、159、220
菩薩、阿難	菩薩坐在蓮花座上，左腳單盤，右腳向下伸直	唐	45、328、384
菩薩	196 有鬍子	唐	145、194、196、197、205、320
佛	159 站姿推跨 S 型，左手下垂蓮花指，右手朽了一半，約掌心向上。 328 雙盤、有畫鬍子	唐	59、159、328
供養菩薩	嘴形波浪狀 328 胡跪（右跪左立，右手掌心向上，左手立掌）	唐	27、328、384
舍利佛		唐	46
大佛	赤足	唐	130

〔註40〕影塑供養菩薩像，敦煌研究院收藏，Z.0688 號。在莫高窟早期中心柱窟內，中心柱四面龕上部有附屬性的供養菩薩、飛天、伎樂等像，其形式介於高浮雕與淺浮雕之間，稱之爲影塑。

臥佛		唐	158
地神		唐	384
力士	陽剛的 S 型 凸大眼、嘴開、肌肉男	唐	194
天王、菩薩		五代	261
金剛力士		北宋	55
供養天女		西夏	491

　　敦煌石窟藝術以唐朝最盛，敦煌舞模擬的舞姿多學習唐朝諸佛菩薩或供養人的造型，例如：〔註41〕

內容或形象	石窟編號
菩薩	57、204、323
供養菩薩	209
女供養人	375 初唐
女供養人與牛車	329
思惟菩薩	57
脅恃菩薩	57
說法圖	57、209、220、322、329、335
天王彩塑	322
迦葉	320
彌勒經變	329、341
彌勒上升經變	338
阿彌陀經變	220、321、329、372
藥師經變	220
維摩詰經變、文殊菩薩、天女、化菩薩	220、334
逾城出家、乘象入胎	375
法華經變	321、331
飛天、供養天、十一面觀音	321
勞度叉鬥聖變〔註42〕	335

〔註41〕敦煌文物研究所編：《中國石窟‧敦煌莫高窟》（三）（初唐──盛唐），1982.9。
〔註42〕《晚唐‧勞度叉鬥聖變》表現的是佛法無邊，招安異教的故事。

三、相關之中國古典詩文

　　石窟雖從北涼即開始開鑿，經變卻是在盛唐時大盛，因此相對應的在唐詩中就有許多樂舞的描述，其中比較接近敦煌舞姿舞容的是快速旋轉，關於旋轉的文學描寫中唐時期的元稹和白居易其新題樂府〈胡旋女〉等篇有較詳細的描繪，以下將有專章討論。且在中西文化的交流中，舞者的打扮除了印度、波斯、希臘羅馬等異國風情，既然入境隨俗，便在壁畫中出現趨於漢人的天人、供養人的形象，那麼扮演天人的舞者，其美麗的裝扮多少也受到傳統中國美女形象的影響，所以筆者試圖從傳統連結神女的形象，起因是唐玄宗根據胡樂為楊貴妃量身訂製〈霓裳羽衣曲〉而舞，在清朝陳元龍編輯的《歷代賦匯》[註43] 中有多篇描述神女的賦，其中都寫到與羽有關的裝束、配件、車駕，也就是與天人飛行有關的意象，是以專章探討其關聯。

　　自兩漢通西域以來，敦煌因位居「絲路」要邑，逐漸成為中西交流的樞紐，長期扮演跨界政經文化溝通的角色。佛教東傳後影響執政者如北魏、西涼等以官方力量開鑿佛像石窟；商旅也多出資供養，以求往來沙漠平安，是以石窟壁畫內容多為佛菩薩形象以及講經變文。

　　絲路之暢通，導致「敦煌舞」的表演非但跨越朝代遞嬗的間阻，更打破異國文化的隔閡，其兼容並蓄、多元豐富的東西文化，諸如：中國古典舞以「圓」為主的思惟，可溯及《周易》太極圖說，《周易》陰陽八卦的思想久已融入儒道兩家的生活當中，尤其《老子》、《莊子》思想已深入民族的靈魂深處；印度佛教舞蹈；西域活潑熱情之胡旋舞、龜茲樂（或說已融入唐明皇所做的〈霓裳羽衣曲〉）；凡此總總異國風情，皆經由巧思編舞而融入儒釋道三家合流的思想，攸關養生與修鍊。

　　沿著歷史的脈絡，從兩漢的中西交流佛教傳入的歷史的脈絡，往下來到三國、魏晉南北朝、隋唐、宋元明清，歷朝的思想史、音樂志、藝文志，所記載的相關詩文描述，披沙揀金，都可以找到與敦煌舞發展有關的記載，在看似零碎的敦煌舞譜殘簡，若與歷代相關史蹟文獻對照，便逐漸拼出全圖，

舍衛國大臣要請釋迦牟尼講經，而國王卻不是佛教徒，偏要支持與釋迦牟尼不同道的勢力來對抗。於是，釋迦牟尼的大弟子舍利弗與反對勢力的代表勞度叉又經過六輪鬥法。最終，舍利弗取得勝利，反對勢力剃度從佛。場景龐大，細部豐富，華美絢目。
　　《晚唐·勞度叉鬥聖變》是張大千臨摹莫高窟壁畫的第二階段，即 1942 年春天以後的作品。

〔註43〕陳元龍輯：《歷代賦匯》，北京市：北京圖書館，1999。

不亞於當代表演藝術工作者所布置的華麗場景與演出。是以從相關的正史《漢書》、《後漢書》、《隋書》、《舊唐書》、《舊唐書》之〈樂志〉；文學中的《詩經》、《楚辭》、《歷代賦匯》、《樂府詩集》、《文心雕龍》、《元氏長慶集》、《白居易詩集》、《全唐詩》中有關「舞」的紀錄，已發現許多有關「敦煌舞」的描述。

　　尤其在檢索〈舞賦〉相關的描寫，搜尋到清朝陳元龍所輯的《歷代賦匯》〔註44〕十巨冊中居然早已收錄與酒令舞譜、「飛天」形象等相關的資料，如獲至寶。從大學以來雖在文學史中背過「賦」的演變（「短賦（戰國）→古賦／大賦（兩漢）→俳賦／駢賦（魏晉六朝）→律賦（唐代宋初）→文賦／散賦（宋代）→股賦（明清）」，卻一直未曾專題研究過「賦」這一文體，未料研究敦煌舞的表演形式溯源時卻在豐富的《賦》中得到莫大的挹注。

　　雖然研究肇始於石窟壁畫，也就是舞者仿造「飛天」等曼妙形象的起點，但若從中西文化融合的角度切入，將發現有關美女的描寫，史上不乏其例，《歷代賦匯》就收錄許多相關名作，從《楚辭》開始屈原《九歌》系列中的〈湘君〉、〈湘夫人〉、宋玉的〈高唐賦〉、〈神女賦〉、延伸到魏晉曹植〈洛神賦〉、建安七子等文人都留有類似〈神女賦〉之作，諸篇文學的流傳在各式藝文交流滲透的過程中，多少會在書畫文之間互相激盪而互留影響。

第三節　研究方法與進路

　　印度古哲學宗派判定知識的真偽，有所謂「三量」說：「現量、比量、非量」。若說所有的討論都是推測的結果，那麼假設敦煌舞是從北涼至唐樂舞流傳下來的活化石，那麼搜尋歷史文獻中有關的部分來運用的過程時，要思考三個問題：

　　「歷史的本質」為何？

　　要採信哪些「歷史材料」？

　　「歷史的解釋」又如何？

一、零星文獻再詮釋

敦煌舞的史料三層說

　　現存敦煌殘卷手寫稿（manuscripts）保留唐代敦煌舞譜（notation）殘卷

〔註44〕《歷代賦匯》（據清康熙45年刻本影印），北京市：北京圖書館，1999。

（「歷史材料」），然而其文字舞譜過於簡略，大概只有當時的舞者看得懂得簡譜，即使加以豐富的想像拼湊，除了石窟壁畫上的經變圖與少量的附圖文字，現存所有的討論都是推測（「歷史的解釋」），那麼這樣的「歷史材料」是為了記錄、保留什麼「歷史的本質」？

現在假設「敦煌舞是自北涼以至唐宋元發展至今的樂舞活化石」，則可以從歷史的層次來剖析，其堆積層次一如土壤剖面圖之「表土層、心土層、底土層」。〔註45〕同樣的，隨著時代的推移，兼容並蓄而成就輝煌的敦煌舞，其分層亦可分為這三層來解析：

一、表土層：盛唐氣象、大型繽紛的胡樂舞，融合佛教興盛而傳來的佛教樂舞。

二、心土層：漢代絲路暢通後傳來的西域樂舞，在魏晉南北朝時盛極一時。

三、底土層：中原樂舞，承襲《詩經》以來「詩樂舞」三位一體的傳統，太極陰陽平衡對襯的美學。

三個層次也代表縱的時代推移與橫的地理範圍擴延，從上古、中古、近代到現今；從東歐跨越到東亞的「絲路」。

現在，再思考：敦煌舞的發展史又記錄了什麼、保留什麼？

學習敦煌舞的過程也可分為三層而論：

第一層，便是最外層的舞姿學習，先從實際學習基本功、小品、較長的舞曲到長篇的舞劇，凡此種種，都薰陶中國古典國樂和佛教音樂並與之融合。

第二層，敦煌舞與瑜珈、太極拳一樣，被歸為修行之舞。敦煌舞的通常由坐姿開始，之後練跪姿、再練站姿；而坐姿就是打坐、靜坐之姿，進而由靜生動，由下而上，如同：易經六爻由下而上，由初爻到上爻循序漸進發展；與此類似的尚有英國的「拉邦舞譜記錄法」，也是由下而上，由腳的動作先記錄，再循序紀錄身體、手、頭部動作。

第三層，敦煌舞的背後思惟，是融合中西，與「儒釋道」三家會通的思想若合符節。

〔註45〕 又如：經由語言學者的文獻研究與田野調查，發現古漢語的活化石「臺灣閩南語」有多層次的結構——融合漢語上古音、中古音、吳語、越語、閩語、臺灣平埔族等語言。

零星文獻

敦煌寫卷殘卷中有少數的「敦煌舞」舞譜、夾雜在尚未分類的內容中，有待被發現；以及在古典詩文中，有待被萃取的舞姿舞容。如此看來，敦煌舞的藝術表演是活躍千年以上的活化石，值得深入研究。

從現存的零星舞譜影本，可以拼湊出什麼樣貌呢？埃及留有零星的古壁畫舞譜，敦煌石窟中的經變圖也在它們的某些角落保留當時表演者的舞姿，這也是舞譜，可以輔佐文字記號的不足，舞者的姿勢只被幾個字含括但也過於省略地保留，對當時的舞者而言，這些行話它們並不陌生，但時移至今已是「有字天書」，所以雖然有多位不同專長的前輩開研究風氣之先，或用音樂、或用琵琶、或用文學，仍有許多值得探討的空間。

敦煌抄寫本的零星舞譜用字所代表的舞姿舞容，王克芬、董錫玖、席臻貫等前輩都作過部分的註解，但至今並無定案，筆者姑且稱之為「有字天書」。因為在語言文化的流變中，每一行業都可能形成當行中的專門用語，這些行話在發展的過程中可能簡化、縮寫，久而久之就不是一般人所能望文生義的「行話」，這樣的情形就像在民間樂譜和國樂古譜的文獻留下的記錄是「工尺譜」，不是現在通行的西方五線譜，沒有經過學習，是無法理解其中用字所代表的意義。

可以推知的是，零星舞譜字組中的「令、送、舞、據、奇、搖、頭、約、拽、請、與」等用字，不但有固定的舞姿，連字組不同的排列組合，應也代表不同的隊形變化以組成不同的舞碼，揣想它們很可能是當時的流行歌舞，用字是記錄舞姿動作的行話符號，（就像時下年輕族群在網路上使用的「火星文」），但時移至今便令人費解，就需藉助旁敲側擊的工具，例如：其他舞譜、文字學、文學作品來推敲，然而即使運用相關工具書，也可能只是依稀彷彿，介於想像與原貌中間，但無論如何，這是一個可以嘗試的途徑，也就是趨近於「模糊美學」的方法。（後有專章討論「模糊美學」）。

雖然敦煌舞的研發肇始於石窟壁畫（舞者模仿中西文化融合的「飛天」等曼妙形象為起點），但若從經典搜尋，將發現有關美女的描寫，史上不乏其例，上述清代所編之《歷代賦匯》中就收錄許多相關名作：從《楚辭》開始屈原《九歌》系列中的〈湘君〉、〈湘夫人〉、宋玉的〈高唐賦〉、〈神女賦〉、延伸到魏晉曹植〈洛神賦〉、建安七子等文人都有類似〈神女賦〉之作，諸篇文學的流傳在各式藝文交流滲透的過程中，多少會在「書畫文」之間、「詩樂

舞　三位一體」的交流中，互相激盪彼此影響。

　　以經解舞，使敦煌舞的表演接近原舞重現；之後希望敦煌舞陸續演出的舞碼，能不斷地超越之前的表演，不只是宗教的目的或娛樂的性質，敦煌舞不應只依附在宗教或宴會之中，它可以不斷地以日新又新之姿存在。

二、以舞解舞

　　以舞解舞，用現代的舞姿舞容比對石窟經變圖及雕象，可以重現某部分舞姿舞容，而從北涼到唐宋元期間，壁畫中以舞供佛的意義耐人探究。

（一）形式：借助「美的原則」

　　若要分析敦煌舞在形式上的藝術美，可以借助西方的「美的原則」。西方藝術稱「文學、音樂、雕塑、繪畫、建築、舞蹈、戲劇、電影」為「八大藝術」，另加「工藝、攝影、書法、金石」為「十二大藝術。」〔註46〕以美術繪畫而言歸納出十個「美的原理原則」，這些原則有些也可以用來度量敦煌舞蹈的藝術美。以下簡介這十個美的原理原則：

　　1.反覆：同樣的東西（包含形與色），重覆出現多次。（說明「數大便是美」）

　　2.漸層：重覆出現但作漸次的改變，形成一層層變化，如由大漸小，由小漸大。

　　3.對稱：一對稱點或線或面的兩端，其形狀、顏色相同。（以「人」作說明）

　　4.均衡：以天平「槓桿原理」作說明。

　　5.統一：一群不同形狀、顏色、質感的物體，在相異中求其相同的元素。（以「升旗整齊的隊伍」作說明）

　　6.調和：兩個或兩個以上的物體，雖不同但極近相似。（以「室內設計」作說明）

　　7.比例：以優美比例（如「黃金比例」）作說明。

　　8.節奏：以音樂、舞蹈、動態之美作說明。

　　9.對比：兩者比較之間完全相反。（如「大與小」、「亮與暗」、交通標誌的「黃黑」線條）

〔註46〕凌嵩郎：《藝術概論》，（臺北縣板橋鎮：國立臺灣藝術專科學校，1971），頁39。

10. 單純：簡潔的、樸素的、平靜的。（以蔚藍的天空、沙漠爲例）〔註47〕

　　考量敦煌舞碼在時空不同的情況下，會採取以上幾種原則調配編排；若表演時間長，相應的音樂也長，舞台或場地寬廣，就可以搭配、「漸層」（例如：隊形由近而遠，由遠而近；由高而低，由低而高；舞者由多而少，由少而多）、「對稱」、「對比」（例如：左右、前後的隊形，舞者服裝的顏色、款式）的設計；反之，如果時間短場地受限，可能就只能做某些動作的「反覆」；但無論如何選擇的「節奏」，整體的互動要注重「比例」、「均衡」與「調和」。

（二）內容精神：借助「模糊美學」

1. 模糊的定義

　　「模糊」，譯自英文「FUZZY」，或譯爲「弗晰」、「乏晰」。〔註48〕不清晰、不確定之意。「模糊」，延伸出模糊思維、模糊語言、模糊詩學和模糊美學〔註49〕，從而開創出許多可能性。王明居說：

> 模糊性現象乃是指客觀事物發展過程的中間環節所存在的不確定性、不明朗性、存在著**亦此亦彼、相互關聯**的過渡狀態，這就是模糊性的現象。〔註50〕

王明居指出：彼此之間的不確定性、相互聯繫、互爲中介、亦此亦彼的過渡狀態，就是模糊現象。胡和平《模糊詩學》說：

> 模糊（fuzzy）這個詞，是一個有爭議、容易導致非議的詞，它常常使人想起含混等貶義，但作爲一個學術語詞，它只是一種客觀的描述。「模糊」既是一種狀態、一個運動過程，也是一種思維方式。
>
> 〔註51〕

胡和平點出「模糊」是一種狀態、一個運動過程，也是一種思維方式。又說：

〔註47〕 參考趙惠玲：《美術鑑賞》（三版），臺北市：三民，2011.9.1。
〔註48〕 王明居：《模糊美學》，（北京：中國文聯出版公司，1992 年），頁 67。
〔註49〕 美國數學家扎德（L. A. Zadeh）於 1965 年發表，《模糊集合》，此理論核心爲「不確定論」：「每兩個質點中間都存在著一定的中間地帶。」此後衍生「模糊美學、模糊詩學、模糊語言學」等理論。
〔註50〕 王明居：《模糊美學》，（北京：中國文聯出版公司，1992），頁 67。
〔註51〕 胡和平：《模糊詩學》，（北京：社會科學文獻，2005.8），頁 1。

「模糊」從事物的狀態看，它指事物的一種不確定狀態，與精確相
對應；從認識發展論的角度看，它是認識發展的一個階段，與清晰
相對應；從事物之間的關係來看，它是事物之間的關聯與整合，與
單一、孤立相對應；從事物的發展看，它是指事物的運動狀態，與
靜止相對應。〔註52〕

可見，「模糊」因是一種不確定性狀態，所以充滿變化的運動過程，也是相互
關聯、亦此亦彼的思維方式。

2.模糊美

王明居說：

模糊本身，無所謂美醜，只有與美結合時，才體現爲模糊美。〔註53〕

吳功正〈審美型態論〉談到「模糊美」的屬性是：

游移而生動的表象，非定量化和定性化，難以確定卻並非不可把握，
難以窮盡卻遠非不可接近。模糊美是靠體驗所獲取、所創造，它是
納入審美一般屬性的特殊形態。〔註54〕

模糊美是一種審美型態，是靠體驗創造、獲取的，在藝術、文學中佔有極其
重要的地位，屬於審美一般屬性的特殊型態。康德認爲：「模糊觀念要比明晰
觀念更富有表現力。」而這種「表現力」正說明「美是不可言傳的」基本屬
性。據此，便可借鑑模糊美學剖析敦煌舞之美。

小 結

總結前文所言，「敦煌舞」的研究方法從舞蹈的肢體語彙學習出發，在日
積月累中化零爲整，實踐仿作「石窟經變圖」，可以舞出一支又一支節奏、旋
律、長度逐漸加深加廣的學習。

筆者經由習舞、與師友切磋與演出之後，萌生研究的計畫，進而爲敦煌
舞溯源、解構舞碼的形式與內容精神、再建構；也就是，先由欣賞敦煌舞姿
的外在形式，進階溯源舞姿之源〈石窟經變圖〉與其後的佛法精神，既有內
容也有外延涵義。

〔註52〕 胡和平：《模糊詩學》，頁1。
〔註53〕 王明居：《模糊美學》，（北京：中國文聯出版公司，1992年），頁199。
〔註54〕 吳功正：〈審美型態論〉，收錄於林文欽編著：《文學美學研究資料選集》，（高
雄：春暉出版社，2003年9月），頁111。

　　越深入「敦煌舞蹈」的肌理乃至核心，便不得不深入其與中西文化的關係。尤其「飛天」與「諸佛菩薩」的形象，既是近百年來舞者擷取敦煌舞姿語彙的基本形式，也是舞者在修行上見賢思齊的高標。——舞者一旦舞至某種程度，通常不會安於舞姿的反覆與熟練，自然而然會想提升精神與性靈的成長，此時會要求自我，提升內在的層次，督促自己不進則退，即使調伏內在自我的過程起起落落，然而這些心路歷程也是修行的歷程，其間所遇到的瓶頸往往即轉機，結合外在與內在的修行邁向菩薩道與成佛大道。

第二章　敦煌舞譜之說

第一節　舞譜簡介

　　以「舞譜」爲主題檢索，查詢 1994～2012 年「國家圖書館臺灣期刊論文索引」有 11 筆以上的資料，而在「中國期刊全文數據庫」，共有記錄 81 條以上的短篇論文〔註1〕，與「敦煌舞」有較密切相關的爲明朱載堉的舞譜討論，以及當代戴愛蓮的貢獻〔註2〕，另外韓國明淑詳細介紹 Notation 與舞譜的淵

源，可資參考。

然而舞譜記錄的就是舞姿嗎？

1900 年藏經洞敦煌遺書有「五代後唐長興四年（933）的工尺譜抄本三譜（P3808）」抄本，記錄了唐五代敦煌樂譜，但因譜字難識，素稱「天書」。經過席臻貫多年的探索研究，1990 年終於破譯了這部難懂的「天書」，復活了著名的「唐樂」。〔註3〕但尚未破解舞譜，且敦煌殘卷的舞譜也不能代表敦煌舞的全貌。

又如元稹〈霓裳羽衣譜〉既不是該曲樂譜，也不是舞譜。它是元稹回復白居易信中所附上的一首詩篇，〔註4〕但為什麼也稱為譜呢？原來古代所說的「譜」，含義比今天要廣得多。東漢劉熙《釋名　釋典　藝》云：「譜，布也，布列見其事也。亦曰緒也，主敘人世類相繼，如統緒也。」故**編排、記載事物類別或系統的書，也可稱之為「譜」**，是以至今仍沿用的諸如「家譜、族譜、畫譜、詩譜」等說法，並不只樂譜、舞譜才能稱為「譜」。

甚至古代文獻中所說的樂譜、曲譜，也未必指記錄樂曲的樂譜。《隋書　萬寶常傳》云：「萬寶常撰樂譜六十四卷，具論八音旋相為宮之法，改弦移柱之變〔註5〕，為八十四調，一百四十四律，變化終於一千八百聲。」可見，雖然名之曰「樂譜」，其中有許多是**樂律理論文字**，不全是**樂曲曲譜**。看起來似乎是同一術語概念，但古今內涵外延不盡相同、甚至相去甚遠者，〔註6〕我們在運用時應該盡可能收集資料，就具體情況分析，弄清其所指，以**趨近於**正解。

再來藉西方舞譜反思敦煌舞譜──

西方舞蹈術語「舞譜」（dance notation）是舞蹈的書面記錄，用符號或圖文來記載舞蹈的動作和方位變化，其作用類似於記錄音樂的五線譜。現今記

世紀中國舞蹈經典作品」。

〔註3〕席臻貫：《敦煌舞譜穿插研討》系列論文（1～9）〉，1990 年國際敦煌學學術議論會。

席臻貫根據唐五代敦煌曲譜原譜破譯的 25 首敦煌古樂，由中央民族樂團、上海民族樂團演奏曲調 http://www.gs.xinhua.org/old/gansu/gs-wh/gs-wh-dhgy/gs-dhgy.htm 2013.1.1 20:50 搜尋。

〔註4〕中唐白居易：《霓裳羽衣歌（和微之）》（載《白居易集》卷二十一）一詩中，提到好友元稹曾從浙西觀察使任上給他寄來一份《霓裳羽衣譜》。

〔註5〕「變」，《太平御覽》卷五六四作「規」。

〔註6〕秦太明：〈元稹〈霓裳羽衣譜〉辨析〉，《中國音樂學》，2007.01。

錄舞蹈的方法，一般爲兩類：一種是利用高科技的錄影，可以直觀的再現形象，但細節可能是特寫也未必能交代清楚的；另一種則是自古以來留在中國和西方藝術史上的「舞譜」，使用圖畫、文字、舞蹈術語或來記錄。

　　史上從「絲路」串起中西文化的交流之後，直到當今敦煌舞譜的紀錄，常見中西文藝發展的過程中出現類似的軌跡，例如「拉邦舞譜」，記錄定位的八個方位類似《易經》八卦方位，但拉邦用數字1～8來指稱定位點；八卦的方位有先天地理上的方位，也有後天隨機運轉的靈活的方位。

　　1927年，「現代舞理論之父」匈牙利人拉邦（Rudolph von Laban，或譯作拉班）發表「拉邦舞譜」（Labanotation），是一種書面的人體動作記錄描述方式。與貝耐什舞譜、艾什科瓦舞譜成爲當今世界上較強的三大派系。拉班認爲：「整個動作藝術的歷史也是爲舞蹈記譜而努力奮鬥的歷史。沒有記譜系統就不能捕捉、保存和考察舞蹈暫短的創造。因此舞蹈記錄不得不從舞蹈的認知中發展，並且它的符號不是來自任何外部的資源，而是從舞蹈形式的符號學和空間的律動中派生出來。」〔註7〕

　　「拉班舞譜」之所以被公認爲是一種既科學又形象、並富有邏輯性的分析記錄體系，得益於它以數學、力學、人體解剖學爲基礎，運用各種形象的符號記錄各種人體的客觀動作、空間運行路線、動作節奏和力量。因此它不僅作用於舞蹈藝術，更被廣泛運用於體育、醫療等與人體有關的領域。

　　戴愛蓮上世紀80年代在中國普及「拉班舞譜」時，很多人誤認爲拉班舞譜只是一種動作記錄工具，因而對舞譜的理解僅僅停留在閱讀與記譜的表層上。當視頻、錄影等記錄工具出現時，拉班舞譜被認爲是過時的東西，淡出了人們的視野。誠然，在科技高速發展的今天，視頻比舞譜有更便利的優勢，但視頻的記錄僅僅是動作的外在表演現象，而符號記錄的是作品概念本身，這之間是有根本差別的。視頻中不同的舞者即使跳同一舞蹈，由於身體載體不同，內心情感闡釋不同，表演結果會千差萬別。哪怕是同一舞者，都無法在每一次表演中精準地還原編導最初的創作。〔註8〕

<hr>

〔註7〕羅秉鈺：《拉班舞譜的形成與發展》〔R〕，中央民族大學藝術人類學博士生、碩士生專題講座，2007年轉引自唐怡：〈淺談拉班舞譜及其動作分析體系對舞蹈教學的意義〉，《北京舞蹈學院學報》，2010.04。
〔註8〕唐怡：〈淺談拉班舞譜及其動作分析體系對舞蹈教學的意義〉，北京舞蹈學院學報，2010.04。
　　　戴愛蓮生前十分推崇拉班舞譜。在留學期間，她成爲「拉班舞譜」的第三代

　　唐怡認爲「拉班舞譜」作爲舞蹈記錄工具有其局限性，但也有不可替代性，**視頻教學配合舞譜記錄和分析將會更好地讓舞蹈人去完善、發展舞蹈藝術**。

　　「拉邦舞譜」，以一種「非文字符號」記載舞蹈動作，如同常見的音樂五線譜，之後被西方舞蹈界使用，也隨著留學生運用於華人地區的舞蹈訓練。藉由「拉邦舞譜」，使表演藝術家的創作延續傳承，使後輩演出有重現經典的機會。〔註9〕

　　拉邦舞譜中把舞台切成八個區塊，以方便舞者定位的方式，至今現今敦煌舞也沿用之，拉邦把舞台切成八區，稱爲「第一、二、三、四、五、六、七、八」方位便是《易經》八卦方位圖（「北、東北、東、東南、南、西南、西、西北」如附圖）現今仍活躍於山東的「八卦舞」就是走八卦方位變化的隊形，但八卦的方位比起純粹數字的區分，有更深的內容意涵。

　　在現代的舞台訓練演出的「敦煌舞」，不論在教學或舞譜紀錄，多是使用數字指稱的八個方位；若是佛光山南屛敦煌舞團表演《六供養》中的〈禮五方佛〉則是與地理方位有關，因爲出自《瑜伽焰口施食要集》〔註10〕的這段舞碼，內文提到「北俱盧州、東勝神洲、南贍部洲、西牛賀洲」，很明確的點出東西南北的地理位置。

　　有意思的是，拉邦紀錄身體軀幹的運動由下半身的腳開始，再到腰，最

傳人。她還深入少數民族地區，首次以拉班舞譜記錄中國舞蹈。編演的民族舞蹈有，《瑤人之鼓》、《啞子背瘋》、《巴安弦子》、《拉薩踢踏舞》等，爲祖國打開了民族舞蹈的寶庫，開了整理、加工中國民族民間舞蹈的先河，被譽爲「邊疆舞蹈家」。

在戴愛蓮的宣導下，中國從 1980 年開始普及和研究拉班舞譜，並通過拉班舞譜向國外介紹了許多中國的舞蹈藝術。目前，國內已經出版了一系列的拉班舞譜叢書，記錄了相當數量的民族民間舞，引起國際上的廣泛關注。

中國舞協分黨組書記馮雙白說，在電子影像技術高度發達的今天，拉班舞譜作爲一種舞蹈記錄方式，已經不存在多大的優勢，對它的推廣更大程度上是作爲一種對舞蹈藝術的分析和思考方式進行的，這種分析思考的方式中所包含的科學性是電子影像技術不能代替的。他認爲，中國對於舞蹈藝術比較注重感性的體驗，缺乏從科學視角進行觀察和分析，缺乏運用理性的精神進行審視，這種情況下，拉班舞譜定量定性的分析方法的價值就顯現出來，它是觀察舞蹈藝術世界的另一隻眼睛，是中國的舞蹈藝術特別需要的。

〔註 9〕見附錄：西方的舞譜記錄法（「拉邦舞譜」）被移植到記錄東方的舞蹈，到英國攻讀舞蹈學位的留學生也有使用「拉邦記譜法」記錄敦煌舞。如：時銘慧老師留英時曾寫的論文，就以拉邦舞譜記錄徐玉珍老師所編的敦煌舞。

〔註10〕《瑜伽焰口施食要集》，高雄市：裕隆，1997.1。

後紀錄上半身——也就是「由下往上」記錄；八卦卦象六爻的紀錄由初爻到上爻也是「由下往上」。敦煌舞的訓練從高金榮到徐玉珍，都是先訓練坐姿，再到跪姿，最後才是站姿，三個步驟過程循序漸進。但《易經》的成書遠早於拉邦，在看似理論的過程中，包含實際操作的原理，這應也是《老子》所謂的「道法自然」。

第二節　中國歷代零星舞譜

舞譜在中國應用很早，敦煌石窟中保留晚唐五代的舞譜殘卷，卷中用「據、按、搖、送、舞」等詞記錄舞蹈的動作。

爲了排練、傳習，唐代出現記錄舞蹈的文字與圖像的「舞譜」，類似今天的場記圖。〔註11〕依據《舊唐書‧音樂志》記載，西元 633 年，唐太宗李世民參與編制了歌頌自己的〈破陣樂〉，並繪有舞圖，呂依才依圖排練出由一百二十人表演的〈破陣樂〉舞。

而《新唐書‧音樂志》則提及，西元 801 年，驃國王雍羌，遣其弟舒難陀到唐王朝獻樂，經西川節度使韋皋組織記錄整理樂譜，並「圖其舞容」。

宋代，德壽宮的舞譜描述，用鳥獸形象的辭彙，如：「雁翅兒、龜背兒、海眼、回頭」等術語記錄舞蹈動作和隊形。宋代留下的舞譜，有周密《癸辛雜事》輯錄《德壽宮舞譜》，用文字術語表示舞蹈動作和隊形變化。王克芬認爲周密所見不一定是《德壽宮舞譜》的全貌，因此無法斷定此譜是否未記錄圖像、音樂，但比《敦煌舞譜殘卷》所記錄的舞蹈術語完善，形象性更強，更接近於當前的傳統舞蹈術語。部分術語，可推測出所代表的動作。原舞譜如下：

左右垂手：雙拂、抱肘、合蟬、小轉、虛影、橫影、稱裏。

大小轉擻：盤轉、叉腰、捧心、叉手、打場、攪手、鼓兒。

打鴛鴦場：分頸、回頭、海眼、收尾、豁頭、舒手、布過。

鮑老掇：對窩、方勝、齊收、舞頭、舞尾、呈手、關賣。

掉袖兒：拂、鑽、綽、觑、掇、蹬、焌。

五花兒：踢、搕、刺、攔、系、搠、捽。

燕翅兒：靠、挨、拽、捺、閃、纏、提。

〔註11〕王克芬：《中國舞蹈發展史》，頁 230～231。

　　龜背兒：踏、償、木、摺、促、當、前。

　　勤步蹄：擺、磨、捧、拋、奔、抬、撅。〔註12〕

上述「五花兒」可能是武打動作，目前戲曲舞中有「小五花兒」這個動作術語，是兩手頸相對，如「雲手」流動的線條轉動，也就是一個動作幅度很小的「雲手」姿。〔註13〕在敦煌舞中的運用偏向溫柔婉約，例如：從「合掌」變形為「小五花」再變形為「荷花開」，手姿可以往左、往右或開或闔。

　　元代，韶舞舞譜，余載編制，錄於《永樂大典·韶舞九成樂補》〔註14〕。韶舞傳說是古樂官夔所作，以歌頌舜帝的功德，舞蹈久已失傳，亦無圖譜。余載所制舞譜是附會古代〈河圖〉、〈洛書〉而成，有《九韶之舞綴兆圖》九成（段），運用陰陽、奇偶之數的變化，形成規律的舞位。舞用八佾，共 64 人。《九之舞采章圖（采章）》，記錄了舞人所著服色：紅、白、碧、赤、黃、黑、紫、青、綠共 9 色；以黃為中心色彩，16 人服黃；以白、青、赤、黑為東西南北四方色，各 8 人；以紅、紫、綠、碧為四隅色，各 4 人。此外，舞譜附有〈河圖〉、〈洛書〉及 7 種舞點陣圖：「一七」為圓陣、「二六」為方陣、「三五」為三角陣、「六二」為兩個半月形合成的圓陣、「七一」為八行八列的實方陣。每陣仍為 64 人。

　　明代經濟高度發展，隨著城市的擴大，歌舞藝術有新的重要發展：漢族習俗節慶歌舞、宮廷歌舞、邊疆歌舞、崑腔戲曲歌舞等繁興〔註15〕；樂舞理論著作相繼問世，是明代重要的學術現象。朱載堉創設「舞學」，作了系統的研究；關于舞與樂關係的論述、用古今融合的方法編制擬古舞譜等，對後世產生深遠的歷史意義。

　　《樂律全書》是朱載堉畢生心血的結晶，全書包含十四種著作，反映他在曆學、律學、樂學、舞學、算學等多種學科的卓越成就，其中舞蹈占有相當的分量，專門敘述舞蹈的就有四種，書中保留《人舞譜》、《六代小舞譜》、《靈星小舞譜》、《二佾綴兆圖》、《小舞鄉樂譜》等多種舞譜和合樂譜。〔註16〕

〔註12〕王克芬：《中國舞蹈發展史》，頁 291～292。

〔註13〕王克芬：《中國舞蹈發展史》，頁 294。

〔註14〕《韶舞九成樂補》一卷（永樂大典本），文清齋電子古籍，文淵閣出版，2011.4.22。

〔註15〕摘錄自蔡麗紅：《明代歌舞的初步研究》摘要，福建師範大學碩論，2007。

〔註16〕參自王曉茹：《論朱載堉〈樂律全書〉的舞樂思想》摘要，福建師範大學碩論，2007。

　　《六代小舞譜》、《靈星小舞譜》，繪有詳細的舞蹈圖譜並附加文字說明，其中有些用字如「招、搖、送」等就是敦煌舞譜殘卷中的舞蹈術語，可見得舞蹈術語的運用在舞蹈領域的世代交替中已傳承綿延。

　　朱載堉認爲《人舞》是「舞之本也。是故習舞先學人舞。」並加入孟子「仁義理智」的思想謂「四勢」並與古舞譜「送、搖、招、邀」聯繫解釋：「上轉若邀賓之勢，下轉若送客之勢，外轉若搖出之勢、內轉若招入之勢。」〔註17〕

　　明代朱載堉舞譜之《二佾綴兆圖》：首頁是一幅樂舞布局、排列地位圖。猶如今日舞台分成幾個不同的表演區，並把每個演員的地位提示出來。接著畫兩隻鞋，標明舞者各種轉動的步伐及運動方位。這裡與他的其他舞譜一樣，仍用「上轉、下轉、外轉、內轉、未轉、轉初、轉周、轉過、轉留」等來標明轉旋的幅度，用「伏睹、瞻仰、回顧」標明視線的方向，用鞋形的不同畫法，標明左、右腳的方位，是全腳掌著地，或腳尖點地，以及「主力腿」與「非主力腿」〔註18〕的位置等。舞譜的精確、明晰令人驚嘆。在距今三、百年前，朱之舞譜就清楚交代舞蹈動作的變化、隊形的移動走向，其編制之《總譜》匯集音樂（包括歌詞、打擊樂、律呂字譜等）與舞蹈（包括：舞人進退、舞蹈動態）。〔註19〕

　　明代是中國封建社會中，經濟高度繁榮的時期，隨著城市的擴大，市民成爲社會的重要階層，也因應市民收入與消費的提高，歌舞藝術有了新的發展。蔡麗紅認爲這主要原因是：

　　隨著漢族政權的確立，漢族歌舞全面復興；演劇的盛行，使昆腔歌舞爲代表的戲曲歌舞日臻完美興盛；與習俗活動相關的節慶歌舞也走向繁榮與全盛。明代歌舞主要是漢族習俗節慶歌舞、宮廷歌舞、邊疆歌舞、戲曲歌舞等。而樂舞理論著作相繼問世，成爲明代樂舞藝術理論中重要的學術現象。朱載堉創設「舞學」，并且對舞學作了系統的研究；關于舞與樂關系的論述、用古今融合的方法編制擬古舞譜等，對後世有著深遠的歷史意義。明代歌舞在明代相關藝術中具有重要地位，并在國內外產生了一定的影響，在中國歌舞乃

〔註17〕王克芬：《中國舞蹈發展史》，頁297。
〔註18〕「主力腿」（是動作暫時支撐或固定的腿）與「非主力腿」（是指活動腿），左右腿是搭配的，例如：當左腿是「主力腿」時，右腳便是「活動腿」，可以向右跨出旋轉，也可以向左腿左側點踏步。
〔註19〕王克芬：《中國舞蹈發展史》，頁301～302。

至整個音樂史中十分值得關注。〔註20〕

　　關於敦煌舞的編導，吳曼英臨摹斑駁壁畫的《敦煌舞姿》〔註21〕功不可沒，對於當代敦煌舞的發展貢獻甚鉅！在一幅幅的定格「飛天」、「伎樂天」中，有千姿百態的手印、S型推胯、髮型、服飾、配件、飄帶、樂器，還有舞群的位置排列、隊形的變化，在在啟迪當代編舞的靈感。

　　此外，中國少數民族也創造各具特色的舞譜，如：納西族創造《東巴經》象形文字，就有類似舞譜的記載，現存寫本是清代嘉慶九年（1804），但其歷史可能更為古遠。蒙古寺院的宗教舞「跳神」名為「查瑪」，也有關於舞蹈如何跳法的文字、畫像，有關專家定名為「八卦舞譜」。〔註22〕這麼看來，隨著東西文化的交流，八卦方位的運用，也影響了少數民族的生活方式。

　　總之，從舞蹈簡史可以發現：從元代的韶舞到蒙古的「查瑪」乃至於現仍風行於山東的八卦舞，和西方為現代舞譜做紀錄的「拉班動作記譜法」，都有二個類似的現象：由下而上（從腳開始）、使用八個方位（定位）的記錄方式。

　　這種互相類似的情形與文化交流不無相關，自漢代開始，絲路暢通，中西文化交流到盛唐達到顛峰，在石窟經變圖中留下的畫作可以見證，其中熱情奔放的「胡旋舞」延續至現在的「敦煌舞」表演，就是表演藝術跨越歷朝歷代時空的間阻、打破異國文化的隔閡，逐漸兼容並蓄多元豐富的東西文化。

　　後來元朝蒙古征西，驅使日耳曼民族大遷徙造成西方的黑暗時代，但也連帶地又再一次把東方文化推進西方世界，因為在人口移動的過程中，文化必然隨之流轉。編舞家拉邦是匈牙利人之後到法國發展，匈牙利在東歐，拉邦舞譜的編創，不無受到東方的影響。

第三節　現存敦煌抄寫本舞譜

一、「酒令舞譜」之說，有字天書

　　「酒令舞譜」

　　在上海古籍出版社所編輯的《續修四庫全書・子部・藝術類 1096》收錄

〔註20〕　參考蔡麗紅：《明代歌舞的初步研究》，福建師範大學碩論，2007。
〔註21〕　吳曼英：《敦煌舞姿》，上海市：上海文藝，1981。
〔註22〕　王克芬：《中國舞蹈發展史》，（上海：上海人民，1991 年 7 月），頁 330。

敦煌曲子譜一卷、兩卷敦煌舞譜（五頁）影印本（原書中影印掃瞄見〈附錄〉）
〔註23〕，原本保存在甘肅敦煌莫高窟第17窟（藏經洞）的唐、五代舞譜殘卷
（Dunhuang dance manuscripts），簡稱《敦煌舞譜》。

　　這些寫卷在1907～1908年間分別被英國人斯坦因與法國人伯希和運出中
國，原件現藏倫敦博物館（編號 S5643）與法國國家圖書館（編號 P3501），
今存五卷，分別編號爲敦煌寫本伯三五○一號、斯五六四三號、斯五六一三
號、斯七八五號、北殘八二○號。原無題，其作者亦失載，據其內容和斯五
六四三號「後梁開平三年（909）」的抄寫題記，可知創作並抄寫於晚唐五代。
北殘八二○號今藏北京圖書館，伯三五○一號今藏法國巴黎國立圖書館，斯
坦因編號的三卷則藏在英國倫敦不列顛博物院。

　　若放大其版面，將發現有固定的常用記譜字，加上他們呈現「上四下三」、
「上二下三」的排列形式，很容易的就與自盛唐以來的近體詩「絕句」、「律
詩」的格律連結，而早在《詩經》、《楚辭》、《樂府詩》以來音樂與文學常常
密切連結，如此看來，如果以清朝末年由音樂家李叔同（弘一大師）的五線
譜來理解，這些譜字和抽象的音符所扮演的可能是大同小異的功能，也就是
說舞譜所記錄的除了是動作、隊形的變化，可能包含節奏的點斷與疾徐。

　　敦煌舞譜，今有王昆吾（即王小盾）校釋本，《漢唐音樂文化論集·敦煌
舞譜校釋》〔註24〕、《唐代酒令藝術：關於敦煌舞譜、早期文人詞及其文化背
景的研究》〔註25〕。根據其整理，以下略述其說：

　　現存的五卷敦煌舞譜共有二十八份譜例，其中的曲調除了〈北殘八二○
號〉的曲名無法復原外，其餘四卷舞譜使用了十支曲調。

　　保存完整譜例的有七曲：《遐方遠》、《鳳歸雲》、《南歌子》、《浣溪沙》、《南
鄉子》、《雙燕子》、《驀山溪》；

　　僅存片斷譜字而無提示詞的有一曲《荷葉盃》；

　　僅用爲打送曲的有兩曲：《浮圖子》、《五段子》。

　　這些曲調盛唐的教坊曲，〔註26〕不見於中唐記載而驟興於晚唐五代的酒

〔註23〕見附錄，《續修四庫全書·子部·藝術類1096》，（上海市：上海古籍，1995），
　　　　頁7～11。
〔註24〕王昆吾：《漢唐音樂文化論集·敦煌舞譜校釋》，臺北：學藝，1991。
〔註25〕王昆吾：《唐代酒令藝術：關於敦煌舞譜、早期文人詞及其文化背景的研究》，
　　　　臺北：文津出版社，1993；上海：知識出版社，1994。
〔註26〕《敦煌文學作品選》，（臺北市：新文豐，1988.10），頁94：「《南歌子》，唐教

筵，摻入南方音樂的成分，王小盾認爲這反映了音樂南方化、教坊曲俗樂化和著辭風尙流行的特點。

這樣的說法與安史之亂不無關聯，注重中西音樂藝術文化的唐明皇，不但編寫〈霓裳羽衣曲〉、欣賞胡旋舞，還創辦梨園，既然如此，歌舞助興的官場宴會必然盛於一時，但安史之亂以後，唐朝國勢由盛轉衰，北方的京城在戰亂中被切斷南方給予的經濟補給線，而在逃難的過程中許多曾在宮中的演奏家流落到相對來說安定而繁榮的南方避難，直到晚唐乃至五代十國接續以後的宋朝，江南的富庶所孕育的藝術文化在歲月的流轉中已揉合許多從北方來的樂舞，並流傳至元朝的雜劇、明清時盛行於南方的戲曲（如：崑曲）之中，同時也在民間的筵席乃至又流行回貴族的宴會中展演，這麼說來，舞譜跟酒令多少相關，但不能說全部的敦煌舞譜都是酒令舞譜。

現存零星的敦煌舞譜與酒令相關的研究，曾是中國舞蹈史、音樂文學研究、敦煌學研究的焦點。一九三八年，羅庸、葉玉華《唐人打令考》認定其爲「酒令舞譜」；一九四二年、一九五一年，冒廣生《疚齋詞論》、趙尊岳《敦煌舞譜詳解》對「舞譜譜字」作了進一步考釋；一九五四年，任二北《敦煌曲初探》再對「譜字、節拍、流變」作了較系統的研究；一九六二年，趙尊岳又綜合考察「舞譜、舞容、隊形」，並在新加坡南洋大學圖書館館刊發表了四篇《敦煌舞譜殘帙發微》。一九八十之後，日本水原渭江、中國柴劍虹、王克芬等舞蹈理論與表演工作者加入研究舞譜結構分析，並在國際敦煌學的研究中備受矚目。一九九〇年之後，王小盾（昆吾）考察唐代酒令、博戲和各種民間伎藝的發展，認爲敦煌舞譜和唐著辭的令格規則有關，之後校釋並提出主觀的論述。這些論文都爲敦煌舞譜的研究奠基。但因舞譜仍逐漸被發現（例如：北殘八二〇號兩份譜例），所以舞譜並不都可用酒令的規則來解讀，因爲陸續會開拓出向待發揮的空間。

王氏認爲：舞譜是按照唐代酒令方式記錄的「下次據令」舞，〔註 27〕序

坊曲名，後用作詞牌。亦名，《南柯子》、《春宵曲》、《風蝶令》，有單調、雙調兩體，單調二十三字、二十六字，雙調五十二字，但此詞與通行體的單雙調全不同，採取的是我國民歌中，《盤歌》的形式，男女雙方互相問答表達戀情，民間情歌風味濃鬱。」

〔註 27〕這種舞蹈方式略似現存新疆民間「麥西來甫」集宴中的邀舞或西方傳入的迪斯可舞，方式都是：一人先舞，然後邀請另一人與之對舞；兩人按同一曲調和同一節奏舞蹈；先舞者的邀舞具有令格意義，相對的，受邀者須摹仿邀舞者的動作；也就是說先舞者要主導整支舞怎麼跳，而受邀者則要扮演伴舞角

列是：「令舞按據，舞搖按據，舞按奇據，舞按據頭。」舞姿在這四句十六字的序列上變化，而且從中可概括出三重令格規則：

一、拍段令格，由曲調節奏構成的基本令格要求；

二、打送令格，用多種（一般是三種）節奏方式演奏同一曲調，構成令格要求的變化；

三、字拍令格，按規則實行各舞姿拍數的增減，提出更細緻的令格要求。

這三種規則，恰好同歌辭令（唐人俗稱「著辭令」）中的曲調令格、協韻令格、疊字疊句等修辭令格分別對應。

舞譜「結構」包括「提示詞」和「譜字」兩部分，「譜字」和「提示詞」的關係，反映了敦煌令舞、令格的建構過程，「下次據令舞」原是「令」、「搖」、「奇」、「頭」的組合，後來才在這種組合的基礎上增加了「舞」、「按」、「據」等輔助舞姿，以及「送」這個過渡性的舞姿。

「譜字」按照「令舞授據，舞搖按據，舞按奇據，舞按據頭」的順序排列；「提示詞」則依序敘述舞蹈的幾個要素：

曲調和拍段、

「令」類譜字的拍數、

「舞」類譜字的拍數、

「巡」「輪」添拍和「三拍當一」等字拍變化的規則、

打送規則。

而這樣的順序呈現出舞譜的橫結構和豎結構。代表橫結構的有十六字舞姿序列，代表豎結構的有「令」、「巡」、「輪」等術語。在舞譜中，

「令」通常指的是「令」、「搖」、「奇」、「頭」等譜字；

「巡」指的是「令」、「舞」、「按」、「據」等譜字；

「輪」指的是「據」、「按」、「舞」、「頭」（「令」的對稱舞姿）等譜字。

而以下殘存舞譜中的用字位置排列，也呈現橫豎兩種結構的相互關係：

令　　　　　巡　　　　　輪

令舞按據　　令舞按據　　令舞按據

色，或配合邀舞者相同或相對稱的舞姿。

舞搖捼據　　舞搖捼據　　舞搖捼據

舞捼奇據　　舞捼奇據　　舞捼奇據

舞捼據頭　　舞捼據頭　　頭舞捼據

王氏分析舞譜結構並得知，在雙人對舞中，各譜字所代表的舞姿按「令類、舞類、其他」方式構成相互對稱：

> 「令」（「與」）與「頭」（「請」）分別代表飛毬與閃毬的舞蹈動作，來自盛唐拋打酒令舞；

> 「搖」（「約」）與「奇」（「拽」）分別代表邀約與推卻的舞蹈動作，來自瞻相令；

> 「舞」與「捼」分別代表手舞與腰肩之舞；

> 「據」與「竦」分別代表叉手與引領舉足的姿態，來自中唐的拋耍令和手勢令；

> 「送」即「斷送」，代表節奏段落和段落過渡時的特殊舞姿，來自送酒歌舞。

上述對襯關係可以歸類為如下表格：

＋	－
「令」（「與」）：飛毬	「頭」（「請」）：閃毬
「搖」（「約」）：邀約	「奇」（「拽」）：推卻
「舞」：手舞	「捼」：腰肩之舞
「據」：叉手	「竦」：引領舉足

表格第一行以「＋」和「－」代表相對應的動作：

「令」（「與」）之「飛毬」與「頭」（「請」）之「閃毬」，可以想見一方丟出快球攻擊，另一方閃球以躲過攻擊的酒令遊戲。

「搖」（「約」）之「邀約」與「奇」（「拽」）之「推卻」可以想見一方邀請對方玩酒令遊戲，可能是輸了要喝酒，是勸酒、敬酒的意思；但另一方推辭不要玩也就是拒絕再喝酒的意思，可能是之前喝太多了，這樣的節制將可以避免酒量過多而失態。

至於「舞」之「手舞」與「捼」之「腰肩之舞」可以連結到上述勸酒與拒絕的肢體語言，推測在舞蹈的表演中有「進酒」步步向前進逼、手捧酒杯

迫前之舉；反之，腳步連連後退，並以手勢猛搖表示拒絕。

「據」之「叉手」與「竦」之「引領舉足」，一以手，一伸長脖子移動腳步，又是相對且相配合的動作；此可以就單方面說是手舞足蹈，就雙面來說有一施禮一還禮的可能性，因關於「叉手」根據《中國風俗辭典》的整理：

> 叉手即拱手。宋・毛晃《增韻》：「叉，俗呼拱手曰叉手。」漢代已
> 有此禮俗：
> 《後漢書・馬援傳》：「豈有知其無成，而但萎腰咋舌，叉手從族
> 乎？」
> 《後漢書・靈帝紀》注：「《獻帝春秋》曰：『（張）讓等惶怖叉手，
> 再拜叩頭。』」
> 《三國志・諸葛誕傳》：「叉手屈膝。」
> 《三國志・鄧艾傳》段灼疏：「使劉禪君臣面縛，叉手屈膝。」
> 《三國志・公孫度傳》注：「《吳書》曰：『孫權親叉手，北向稽顙。』」
> 《晉書・天文志》：「皆叉手低頭。」〔註28〕

佛家用語「叉手」即「合掌」，也稱「合掌叉手」——合掌而交叉十指，用來表示己心專一。密宗稱為「金剛合掌」，也叫「歸命合掌」。《觀無量壽經》：「合掌叉手，讚歎諸佛。」宋・陳師道〈寄滕縣李奉儀〉詩：「曲躬叉手前致言，畜眼未見耳不聞。暮年何以答此恩，請頌華嚴壽我君。」

王氏歸納譜字得一結論：「下次據令」是一種以拋打令為基礎，吸收各種酒令的動作因素而形成的歌舞令，是以敦煌令舞有兩個名稱：「下次據」和「一曲子打三曲子」。

這兩個名稱都是指它的行令方式。「下次據」指的是輪番持令，依次為令主，亦即輪番邀舞；「一曲子打三曲子」指的是用三種打送拍的規則來演奏同支舞曲，使之成為旋律相同但節奏不同的三支舞曲，亦即下述改換送拍位置的方式：

〔註28〕戲曲小說中，多有使用「叉手」。《西廂記》二本二折，《小梁州》：「則見他叉手將禮數迎，我這裏『萬福，先生！』」，《竹葉舟》三，《黃鐘尾》：「你枉了告玄冥，禮河伯，頻叉手。」《水滸傳》第二回：「高俅叉手跪複道：『小的叫做高俅，胡亂踢得幾腳。』」，《醒世恒言》卷三十三，《十五貫戲言成巧禍》：「那後生叉手不離方寸。」《警世通言》卷六，《呂大郎還金完骨肉》：「只見門前上下首立著兩個人，方頂樣頭巾，身穿紫衫，腳下絲鞋淨襪，叉著手。」《西湖二集》卷十八：「吉二叉手不離方寸。」

《南歌子》（一）譜，常規打送，「急三中心送，中心慢拍兩拍送」：

　　　送　　送送　送

《南歌子》（二）譜，定位打送，「中心慢拍送，令後送」：

　　　送　　　　送

《南歌子》（三）譜，定式打送，「打《浣溪沙》拍段送」：

　　　送　送　送　送

王氏認為這種行令方式說明敦煌令舞的游戲來自「改令」；其令格的實質，是根據打擊樂器節奏的規則性變化而進行舞姿的規則性變化；它應是中西文化交流之後產出的新節奏，由此並可見現存敦煌舞譜雖只有殘篇的歷史文獻，卻具有高度價值——

　　從「藝術符號學」的角度而言，它促進中國藝術符號系統（例如：曲譜）迅速發展，使動態的舞蹈表演得以轉化為藝術語彙以資記錄進而傳承；以音樂學的角度而言，舞譜詳細記錄十四支樂曲的節拍、段落、體制、伴奏方法，是一份珍貴的樂譜學文獻；而從舞蹈學的角度而言，舞譜的存在拓展了學術界對於傳統舞蹈研究的視野——從宮廷舞、教坊舞，以及流傳到民間的酒令舞。

　　且根據王說，敦煌舞譜主要由三部分組成：

　　曲名、序詞、字組。

　　舞譜中的曲名有〔南鄉子〕、〔鳳歸雲〕、〔遐方遠〕、〔雙燕子〕、〔浣溪沙〕、〔驀山溪〕等，應是當時的流行歌曲。

　　序詞主要說明該曲舞的節拍、節奏、段落起止轉換等。

　　字組則由「令、送、舞、據、奇、搖、頭、約、搜、請、與」等字組合而成。

　　每支曲子段落不一，現存有二段、四段、八段等，似乎以四段居多；字數的部分，每段有十二字、十四字、十六字、二十二字等，應是表示節拍不同。

　　由於至今國內外的研究對「令、送、據」等字的含義以及節拍的計算尚未有一致的解釋，因此對於敦煌舞譜的研究仍有探索的空間。

　　現在敦煌寫卷中的舞譜有許多學者已投入研究，席臻貫、水源渭江皆從音樂的專業來研究，董錫玖、高金榮、王克芬則從舞蹈動作與字面的註解的互相推測，試圖拼湊某段舞曲的表演原貌，然而許多用字的註解仍有許多發

揮的空間，例如：同一個漢字用在舞譜中是否就只有字面的用意；而如果抽離語文的註解，或者與酒無關，純粹就肢體動作而言，是否也可以自成像現代舞般的看似隨意舞動卻又有意涵。而目前王小盾的專著結論是酒令舞譜，應是就現存敦煌舞譜而言，至於尚待發掘的舞譜一旦再現，可能另有解讀。若就酒令舞譜而言，仍有許多模糊地帶，姑且稱之為「有字天書」，亦即雖是漢字，並排列成類似絕句的序列，其間的轉折與連接，尚未被詮解，而最令人思索的是，當今臺灣佛教在為戒子受戒律條之一有「不飲酒」一項，若說臺灣佛教以敦煌舞為弘人間佛教的重要法門，那麼使用的絕不是「酒令舞譜」。

　　既然如此，雖然西方的舞譜記錄（例如芭蕾）力求科學精準，使後學者在方位、動作上的仿傚練習一絲不苟；回到敦煌舞譜的有字天書，也不是全然無解，模糊美學、陰陽美學的相對論，都是一個可以藉助的法門，例如：相反相成、互文見義、相得益彰，都是可以運用在舞譜文字的輔助解讀，更可以搭配石窟經變圖、造像、古典詩文的描述，如此相輔相成，雖不中亦不遠矣。

二、酒文化

　　敦煌舞譜既有酒令舞譜之說，便要述及酒文化。

　　華夏文化中的酒文化源遠流長，釀酒的歷史由來已久，新石器時代出土大量的釀酒用的陶器、青銅器，龍山文化時期則被學者認為釀酒已是發達的行業。〔註29〕釀酒始祖難以考證，相傳杜康發明酒也善於造酒，因此被後世尊稱為酒神，造酒業則奉之為祖師爺。宋人高承《事物紀原》稱：「不知杜康何世人，而古今多言其始造酒也。」於是在文學中，杜康之名竟成為酒的代名詞，曹操〈短歌行〉云：「何以解憂，唯有杜康」，詩聖杜甫云：「杜酒勞頻勸」。晉《抱朴子》曰：「黃帝造酒泉法，以曲米和成丹藥。」晉江統《酒誥》道：「酒之所興，肇自上皇，或云儀狄，一曰杜康。有飯不盡，委余空桑，鬱積成味，久蓄氣芳。本出於此，不由奇方。」

　　東漢‧王粲〈酒賦〉：

　　　　帝女儀狄，旨酒是獻。苾芬享祀，人神式宴。麴糵必口，良工從試。
　　　　辯其五齊，節其三事。醲沉盎泛，清濁各異。章文德於廟堂，協武
　　　　義于三軍。致子弟之孝養，糾骨肉之睦親。成朋友之懽好，贊交往

　　　　　　　　　　　　　　　　　　　　　　　

〔註29〕〈考古資料對釀酒起源的佐證〉，〈中華酒文化〉，《中國網》，2007.8.6。

之主賓。既無禮而不入，又何事而不因。賊功業而敗事，毀名行以
取誣。遺大恥於載籍，滿簡帛而見書。孰不飲而羅茲，周非酒而惟
事。昔在公旦，極茲話言。濡首屢舞，談易作難。大禹所忌，文王
是艱。暨我中葉，酒流猶多。群庶崇飲，日富月奢。〔註30〕

飲酒是中國上古祭祀典禮之一，《黃帝內經素問》載：「黃帝命作湯液酒醴以
為備。」《禮記・禮運》稱：「夫禮之初，始諸飲食。」在祭祀儀軌中，擔任
敬酒的官職，稱為「酒人」，事見於《周禮・天官・酒人》所載：「酒人掌為
五齊三酒，祭祀則共（供）奉之」。據出土的殷代古墓隨葬品中多有酒具，至
今祀神祭祖，仍以酒為供。酒用於祭祀、會盟、祝捷等官方活動，遍及於民
間的婚喪喜慶、迎送聚會等場合。

（一）成也酒，敗也酒

1.成也酒

藉著酒而創造藝術文學的名家在歷代文化史上輩出，可以說酒文化與藝
術文學的發展如影隨形。希臘神話有酒神戴奧尼索斯，是葡萄酒與釀製業的
始祖，不但活躍在西方的文學中，華文文壇的巨擘余光中的詩文中也常請酒
神加持。而中國魏晉時期有貪杯的劉伶〈酒德誦〉、陶淵明《飲酒詩》、詩仙
李白〈將進酒〉、杜甫〈飲中八仙歌〉、北宋歐陽脩〈醉翁亭記〉，總之與酒有
關的名作多如繁星，藉著酒而詩興大發，所以蘇軾說「俯仰各有志，得酒詩
自成。」（〈和陶淵明〈飲酒〉〉）；楊萬里說：「一杯未盡詩已成，湧詩向天天
亦驚。」（〈重九後二月登萬花川穀月下傳觴〉）；杜甫說：「醉裏從為客，詩成
覺有神。」（〈獨酌成詩〉），酒後不醉反而更有精神，所以有〈飲中八仙歌〉，
這八人就是《新唐書・李白傳》中的「酒八仙人」：「李白、賀知章、李適之、
李進、崔宗之、蘇晉、張旭、焦遂」，因為杜甫賦其醉態，使這八人的酒品膾
炙人口，成為史上千古佳話：

知章騎馬似乘船，眼花落井水底眠。

汝陽三斗始朝天，道逢麴車口流涎，恨不移封向酒泉。

左相日興費萬錢，飲如長鯨吸百川，銜杯樂聖稱避賢。

宗之瀟灑美少年，舉觴白眼望青天，皎如玉樹臨風前。

〔註30〕錄自《藝文類聚》七十二，《書鈔》一百四十八。

費振剛、胡雙寶、宗明華輯校：《全漢賦》，（北京大學出版社，1993.4），頁
670。

> 蘇晉長齋繡佛前，醉中往往愛逃禪。
>
> 李白一斗詩百篇，長安市上酒家眠。
>
> 天子呼來不上船，自稱臣是酒中仙。
>
> 張旭三杯草聖傳，脫帽露頂王公前，揮毫落紙如雲煙。
>
> 焦遂五斗方卓然，高談雄辯驚四筵。

〈飲中八仙歌〉，描述當時的「飲中八仙」，這一首敘事詩寫出八種醉態：

一仙寫賀知章，「騎馬似乘船，眼花落井水底眠。」

描述賀氏之醉態，顛顛倒倒致使騎馬卻似乘船暈吐，然後跌落水中睡著，因為是「仙」，不寫淹死，卻寫水底眠。

詩是藝術，不是歷史，所以賀知章是否真的飲酒過量，以致眼花落井，醉眠井底，事實可以不論。這兩句詩，敘寫醉後騎馬、欲墜未墜之態，表現灑脫自得之情，也想見作者傾慕之情，是以意在言外、情溢乎辭。古今中外文學的創作筆法，可以為傳神而使用誇飾修辭法來塑造人物形象的特色，這兩句詩寫出賀知章類似竹林七賢之一劉伶「但得飲酒，何論死生」的曠達襟懷。

二仙寫汝陽王李進「三斗始朝天，道逢麴車口流涎，恨不移封向酒泉。」汝陽王是唐明皇呼之為「花奴」的姪兒，善羯鼓，與賀知章、褚庭誨為詩酒交；視其交遊，可想見其為人！杜甫寫他路逢麴車就流涎，一方面可見雖然他身為郡王卻任由真性發抒、不造作；一方面可視為只對酒垂涎，無視於富貴、無意權勢，所以即使朝天，也必三斗而後可，甚至為了嗜酒而自願請調到酒泉（河西走廊中）──從接近權力核心（首都）的汝陽（河南中州）請調至遠離權力核心的邊疆，那是許多被貶謫的人最不願意去之處，可見得汝陽王不同於一般宦途中爭權奪勢的人，而是瀟灑不羈的酒仙。

三仙寫左丞相李適之，「日興費萬錢，飲如長鯨吸百川，銜杯樂聖稱避賢。」李適之曾為天寶元年左丞相，後被李林甫排擠，罷相後，有詩曰：「避賢初罷相，樂聖且銜杯。」這句詩極盡反諷之能事，有別於北宋歐陽脩當主考官時為了提拔蘇軾所言之「吾當避此人出一頭地」。

杜甫寫其「日費萬錢，飲如長鯨吸川」，日食萬錢飲酒，酒量之大如長鯨吸百川，可謂豪飲。實則因心中不平，而曰「銜杯避賢」，如前所言既是反寫；也見此位宰相肚裡能撐船，是何等胸襟，不與對方正面衝突，卻讓出政治舞台給對方表現。

　　而藉著飲宴的形式，或許也有模仿王羲之〈蘭亭集序〉所言之「群賢畢至、少長咸集」的用意，藉著宴會的時候認識、觀察、拔擢人才，進而給賢能的人有表現的機會。

　　四仙寫崔宗之「瀟灑美少年，舉觴白眼望青天，皎如玉樹臨風前。」崔宗之襲封齊國公，瀟灑風流，如玉樹臨風，是英姿煥發的美少年。他的酒品高雅，當他舉杯向天，白眼閱世，或抬望眼，似有青雲之志，如玉樹臨風，風度翩翩。

　　五仙寫蘇晉「長齋繡佛前，醉中往往愛逃禪。」蘇晉，以文章知名當世，是虔誠的佛教徒，曾得慧澄和尚的繡彌勒佛像而長年供奉。〔註31〕但蘇氏持齋，卻未受五戒而飲酒，他認為「飲酒不礙其拜佛之誠，拜佛不礙其飲酒之真。」

　　蘇晉不為俗說所囿，認為佛是佛，酒是酒，不互相妨礙，他解讀「修行」若不落入「禪」的執著，便如逃出世網，因而遺世獨立而樂。然而事實上，一旦酒醉便會神智不清，離真正「禪」的境界就越來越遠了，也就是說，若貪杯便到不了「禪定」的境界。蘇晉之說也見其真誠。

　　六仙寫詩仙李白「一斗詩百篇，長安市上酒家眠。天子呼來不上船，自稱臣是酒中仙。」李白喝越多酒寫越多詩，喝醉了就睡在酒家，率性而為，醉到天子徵召已無法理會，自稱是酒仙。杜甫向來崇仰李白，酒可謂李白之知己，詩中寫出李白的酒事如數家珍，得意之時意氣飛揚，失意之時一派瀟灑。四句頌揚李白精神境界之高，高蹈千古。

　　七仙寫「草聖」張旭「三杯草聖傳，脫帽露頂王公前，揮毫落紙如雲煙。」張旭三杯下肚，就揮灑出令人讚嘆的草書，「煙雲」比喻筆之所至則如點染煙雲繚繞之山水畫。《舊唐書》有載：「吳郡張旭善草書，好酒。每醉後，號呼狂走，索筆揮灑，變化無窮，若有神助。」《新唐書‧藝文傳》「每大醉，呼叫狂走，乃下筆。」寫出《古詩四帖》。唐李肇《國史補》：

> 張旭草書得筆法，後傳崔邈、顏真卿。旭言：「始吾見公主擔夫爭路，而得筆法之意。後見公孫氏舞劍器，而得其神。」旭飲酒輒草書，揮筆而大叫，以頭搵水墨中而書之，天下呼為「張顛」。醒後自視，以為神異，不可復得。後輩言筆札者，歐、虞、褚、薛，或有異論，至張長史，無間言矣。

〔註31〕《中國酒文化》，〈飲中八仙〉，臺北市：沙鷗國際多媒體公司製作，2005。

張旭酒後寫字，先是呼號大叫，再把頭髮當作筆鋒蘸墨而書，因此被時人稱為「張顛」。等到酒醒之後，張旭卻再也寫不出酒醉揮毫的神來之筆，兩相落差連自己都驚歎不已。

八仙寫焦遂「五斗方卓然，高談雄辯驚四筵。」酒後方出現特異之舉，此與張旭雷同。焦遂平日口吃，對人幾不能出一言，唯酒後雄辯滔滔，可謂不飲五斗不見其才。

總之，詩聖杜甫之所以把這八人放在同一首詩，必有其用意，讚美才人風致為「飲中八仙」，個性率直、不為紅塵名利所羈縻，他們的善飲有別於：美其名為「海量」，實則貪圖口腹之欲、醉生夢死、酒後失態的庸俗之輩。這八人的酒品清新脫俗，酒後於藝術各方面的表現常有驚人之舉，非凡夫俗子所能望其項背，是以美其名為「飲中八仙」。杜甫理解「八仙」善用「以酒助興」的正面意義，醉而不醉、有為有守，對於「酒品」的堅持，是在天真可愛的醉態中展露高尚的品格，是以詩之以表達個人的景仰與傾慕。

酒除了孕育了詩作，酒意也發酵了書法和國畫等藝術作品。東晉「書聖」王羲之醉時揮毫而作《蘭亭序》，「遒媚勁健，絕代所無」，但待酒醒時「更書數十本，終不能及之」。唐朝「吳帶當風」的畫聖吳道子，酣飲醉後為畫，揮毫立就。李白寫草書名家懷素：「吾師醉後倚胡床，須臾掃盡數千張。飄飛驟雨驚颯颯，落花飛雪何茫茫。」懷素醉後寫出墨寶《自敘帖》。

南宋錢選「性喜嗜酒，酒不醉不能畫，絕醉亦不可畫，惟將醉醺醺然，心手調和，命筆作畫，固有妙趣。」〔註32〕「酒不醉不能畫」點出了酒是創作的催化劑，但下一句「絕醉亦不可畫」更有意思，醉倒了也畫不成了，也就是說飲酒要適可而止，才能跟藝術創作相得益彰。清朝以「詩書畫」三絕揚名的鄭板橋，其字畫不易得，若拿美酒款待，在他醉意中求字畫者即可如願，因此鄭板橋有詩自嘲：「看月不妨人去盡，對月只恨酒來遲。笑他縑素求書輩，又要先生爛醉時。」

2. 敗也酒

就太極圓陰陽一體二面而言，酒能成禮，也可能敗禮，通常有兩種情況：一、飲酒過量，酒醉而破壞禮法制度；二是借酒放肆，或洩憤卻致禍，或許最初不過微醉，但不知節制，最後過頭而闖禍，待醒來已後悔莫及。

〔註32〕〈錢選〉，《中華版科全書典藏版》，2012.2.26。

　　《詩經·小雅·賓之初筵》所敘便是第一種情形——周朝初年有周公制禮作樂，但到了西周末年禮崩樂壞，「禮」流於形式，〈賓之初筵〉描寫諸侯士大夫等達官貴人參加筵席，清醒的時候都是彬彬有禮的君子，一旦喝醉了就醜態畢露，有的斜戴著小帽在筵席間舞個不停，嚴重的發酒瘋踢翻食具，一切禮法威儀蕩然無存，既見酒品之差，也凸顯以酒敗德的後果。（詳細討論在下一節）

　　第二種因酒釀禍之例有《漢書·竇田灌韓傳》：漢代貴族灌夫酒醉時對田蚡出言不遜，得勢之後的田蚡羅織罪名逮捕他並判處死刑，即使至交竇嬰傾全力搭救，卻連自家都跟著被陪葬了，兩家「族誅」（全族被殺）。灌夫借酒放肆，埋下殺機，終招致殺身之禍。〔註33〕

（二）酒令

1. 從監酒到勸酒

> 有駜有駜，駜彼乘黃。夙夜在公，在公明明。振振鷺，鷺于下。鼓咽咽，醉言舞。于胥樂兮。
>
> 有駜有駜，駜彼乘牡。夙夜在公，在公飲酒。振振鷺，鷺于飛。鼓咽咽，醉言歸。于胥樂兮。
>
> 有駜有駜，駜彼乘駽。夙夜在公，在公載燕。自今以始，歲其有。
> 君子有穀，詒孫子。于胥樂兮。（〈詩經·魯頌·有駜〉）

反映貴族醉舞的詩〈魯頌·有駜〉共三章，重章疊詠換字協韻，三章應以「互文」補足文義來理解「共時」的醉客圖，從第三章「在公載燕」、「在公飲酒」可知是一場貴族宴飲，每一章的開頭一、二句如同歌舞劇的幕起，英姿煥發的駿馬出場，標誌著坐騎上的身份——夙夜恪守公職的武將蒞臨，第一、二章的五六七句以揮舞著鷺羽的歌舞群，變化隊形繽紛展演和漸漸低抑的鼓聲，伴奏著醉得離座起舞的賓客尋歡作樂。

　　自周公制禮作樂以來，周朝素有禮樂之邦之稱。其中包含以「酒令」的禮儀來節制飲酒。《詩經·賓之初筵》云：

> 賓之初筵，左右秩秩，籩豆有楚，殽核維旅。酒既和旨，飲酒孔偕。
> 鐘鼓既設，舉酬逸逸。大侯既抗，弓矢斯張。射夫既同，獻爾發功。
> 發彼有的，以祈爾爵。

〔註33〕《漢書》卷五十二，竇田灌韓傳第二十二。

籥舞笙鼓，樂既和奏。烝衎烈祖，以洽百禮。百禮既至，有壬有林。
錫爾純嘏，子孫其湛。其湛曰樂，各奏爾能。賓載手仇，室人入又，
酌彼康爵，以奏爾時。

賓之初筵，溫溫其恭。其未醉止，威儀反反。曰既醉止，威儀幡幡。
舍其坐遷，屢舞僊僊。其未醉止，威儀抑抑。曰既醉止，威儀怭怭。
是曰既醉，不知其秩。

賓既醉止，載號載呶，亂我籩豆，屢舞僛僛。是曰既醉，不知其郵。
側弁之俄，屢舞傞傞。既醉而出，並受其福。醉而不出，是謂伐德。
飲酒孔嘉，維其令儀。

凡此飲酒，或醉或否。既立之監，或佐之史。彼醉不臧，不醉反恥。
式勿從謂，無俾大怠。匪言勿言，匪由勿語。由醉之言，俾出童羖。
三爵不識，矧敢多又！

〈賓之初筵〉共五章，第一章描述盛宴精饌佳餚羅列，為歡宴助興的鐘鼓樂隊已準備就緒，赴宴的賓客有弓矢斯張的糾糾武夫，第二章寫隆重地奏樂後便開始祭祖，貴族世冑所有人等在祭祀畢後便開始宴會，觥籌交錯互相敬酒。

　　第三、四章，方玉潤注曰：「描摹醉客失儀，可謂窮形盡相。」〔註34〕姚際恆注曰：「屢舞，醉態。凡作三層寫，一層深一層。……僊僊，遷徙其坐處耳，蹁躚自得貌；僛僛，欹傾貌；傞傞，盤旋不休貌。……屢舞，言其醉，……由初醉至極醉，由淺入深，備極形容醉態之妙。」〔註35〕這兩章描述賓客酒越喝越多，越來越醉的舞容，其狀態共有三個層次的層遞描寫——「屢舞僊僊」、「屢舞僛僛」、「屢舞傞傞」，以三個疊字形容詞「僊僊」、「僛僛」、「傞傞」曲盡一層比一層嚴重的醉態，從顛顛倒倒到根本就站不穩，恐怕是毫無節制的狂飲作樂，才有如此失態的「醉客圖」〔註36〕。以現在的白話而言便是發酒瘋，清醒時是高高在上端莊有禮的貴族，一旦酒後失態，醜態畢露，站不穩東倒西歪，帽子歪了、發脾氣踢倒食具，不過也是凡夫俗子，不是什麼高高在上彬彬有禮的貴族。

　　第五章「既立之監，或佐之史，彼醉不臧，不醉反恥」，以「監、史」來

〔註34〕轉引自裴普賢編著：《詩經評注讀本》（下），頁325。
〔註35〕姚際恆：《詩經通論》卷十二，（臺北：廣文，1961年），頁242。
〔註36〕參見裴普賢：《詩經評注讀本》（下），頁325。

監督或說節制在座賓客飲酒過量，應是在此之前，發生許多酒後鬧事難以收拾的情況，才設立此職務，就像現在到路上有交通警察設立酒測的駐點巡邏，以免發生車禍。詩文至此，既有針對宴會醉酒的因應措施，也有反省醉酒的官場文化得當與否的深意——

因為回顧客人剛蒞臨筵席時，左右招待應接有禮。籩豆器皿和魚肉瓜果擺盤齊整。美酒香醇，大家一起歡飲。鐘鼓已經懸設，賓客依次敬酒。比賽射箭的設備已佈置妥當——箭靶高舉，弓已張開箭已持，射夫與賓客已經組對，人人盡力獻射藝，希望箭箭射中靶心，但求酒杯讓給自己。〔註37〕

演奏會開始，就是管樂舞會、吹笙又擊鼓，以一片協調的音樂演奏進獻歷代祖先，這是非常隆重的祭禮，規模盛大非常熱鬧，可以說施行的百種禮節已盡量面面周到。虔誠祝禱神靈賜福，使我家族子孫滿堂樂陶陶。人人快樂又歡喜，各自更加賣力演奏。而在射箭場的客人也邀請主人相陪射一遭，然後斟滿一大杯酒，獻給獲勝者。〔註38〕

客人開始入席的時候，彬彬有禮很和善；客人還未喝醉的時候，態度慎重又謙恭。然而越喝越多，等到喝醉的時候，行為就開始不檢點態度也改變了，有的離開座位到處亂走，興高采烈地還跳起舞來，甚至行為胡亂輕薄。——也就是說到了喝醉的時候，連普通禮儀都難以做到了。〔註39〕

〈詩經·小雅·賓之初筵〉敘述宮廷的舞會，內容寫實描摩賓客的醉態，有揭示貴族另一面的用意，貴族平常威風凜凜衣著光鮮亮麗，醉後一樣醜態百出，沒有什麼貴賤之分。

客人喝到爛醉如泥時，有的大聲喊叫，有的打亂籩豆，手舞足蹈又跌倒，

〔註37〕「賓之初筵，左右秩秩，籩豆有楚，殽核維旅。酒既和旨，飲酒孔偕，鐘鼓既設，舉醻逸逸。大侯既抗，弓矢斯張，射夫既同，獻爾發功。發彼有的，以祈爾爵。」

〔註38〕「籥舞笙鼓，樂既和奏，烝衎烈祖，以洽百禮。百禮既至，有壬有林，錫爾純嘏，子孫其湛。其湛曰樂，各奏爾能，賓載手仇，室人入又。酌彼康爵，以奏爾時。」

〔註39〕「賓之初筵，溫溫其恭，其未醉止，威儀反反。曰既醉止，威儀幡幡，舍其坐遷，屢舞僊僊。其未醉止，威儀抑抑，曰既醉止，威儀怭怭。是曰既醉，不知其秩。賓既醉止，載號載呶。亂我籩豆，屢舞僛僛。是曰既醉，不知其郵；側弁之俄，屢舞傞傞。既醉而出，並受其福；醉而不出，是謂伐德。飲酒孔嘉，維其令儀。凡此飲酒，或醉或否。既立之監，或佐之史。彼醉不臧，不醉反恥。式勿從謂，無俾大怠。匪言勿言，匪由勿語。由醉之言，俾出童羖。三爵不識，矧敢多又。」

全然不曉自己的荒誕所為，頭上的皮帽戴歪了舞還跳個不停。如果喝醉了就離開，就是大家蒙福；如果醉了還賴著不走發酒瘋，就是缺德。飲酒本來是很美好的事，只是應注意禮節。

　　從飲酒可以看出各種人品，有的喝到爛醉糊里糊塗胡作非為，〔註 40〕有的卻適可而止以保持清醒。為了預防萬一，所以在宴會設立「酒監」來監督，又設立「酒史」記錄飲宴的過程當然包含酒醉失態等情事，藉此殷鑑以提醒避免喝醉，否則可能招來恥辱；而且彼此也不要盲從勸酒，以免失禮，因為酒過三杯就迷糊，酒喝多了神智不輕容易講錯話，不該說的、沒有根據的通通道出來，而言多必失。同時若胡亂聽從醉者所言，將引起不必要的紛爭。

　　由此可知：酒令，曾是宴會中限制飲酒的規定，由「立之監」、「佐之史」可知周代設有的令官，是酒令的執法者；詩中所提的「監」和「史」都對飲宴者進行監督，防止濫飲悖禮。

　　周代以後，酒令卻演變成宴會時助興的方法。酒令的功能逐漸變成了勸酒，但並非普遍地「勸」，而是在行令遊戲的過程中由輸者喝酒，其他人旁觀勸酒。這樣令人喜樂的遊戲，無形中使喝酒的人減少喝酒的時間和酒量，所以酒令仍然發揮了節制飲酒的作用。

2. 遊戲酒令：猜拳、投壺賦詩、擊鼓傳花等雅令

　　程殿林、於永明認為：飲酒行令，是一種風流文雅、睿智活躍的娛樂活動，也是佐酒助興、活躍氣氛的主要手段，它把單調的勸酒行為文明化和藝術化了。適當運用酒令，可以調節氣氛，增添樂趣，增進智力，提高飲酒的文明程度。〔註41〕

〔註40〕反映貴族醉舞的詩又如〈魯頌・有駜〉：
　　　　「有駜有駜，駜彼乘黃。夙夜在公，在公明明。振振鷺，鷺于下。鼓咽咽，醉言舞。于胥樂兮。有駜有駜，駜彼乘牡。夙夜在公，在公飲酒。振振鷺，鷺于飛。鼓咽咽，醉言歸。于胥樂兮。有駜有駜，駜彼乘駽。夙夜在公，在公載燕。自今以始，歲其有。君子有穀，詒孫子。于胥樂兮。」
　　　　〈魯頌・有駜〉共三章，重章疊詠換字協韻，三章應以「互文」補足文義來理解「共時」的醉客圖，從第三章「在公載燕」、「在公飲酒」可知是一場貴族宴飲，每一章的開頭一、二句如同歌舞劇的幕起，英姿煥發的駿馬出場，標誌著坐騎上的身份——夙夜恪守公職的武將蒞臨，第一、二章的五六七句以揮舞著鷺羽的歌舞群變化隊形繽紛展演和漸漸低抑的鼓聲，伴奏著醉得離座起舞的賓客尋歡作樂。
〔註41〕程殿林、於永明主編：《酒文化》，（青島：中國海洋大學出版社，2003.8），頁208。

　　中國酒令種類紛繁。俞敦培《酒令叢鈔》把酒令分為古今、雅令、通令、籌令四類。何權衡等編《古今酒令大觀》把酒令分為字詞令、詩語令、花鳥魚蟲令、骰令、拳令、通令、籌令七類。《酒文化》把酒令的類型分為兩大類：大眾酒令和文人酒令。大眾酒令具有實用性，通俗易懂、簡單易學，不論文化水準高低都能運用。文人酒令具有藝術性，比較文雅，需要有相當高的文化水準方可操作使用。〔註42〕

　　大眾酒令，例如：猜拳（劃拳）〔註43〕、猜火柴棒〔註44〕、擲骰子〔註45〕、擊鼓傳花〔註46〕、轉桌子〔註47〕、數數〔註48〕。文人酒令，例如：對詩〔註49〕、

〔註42〕 程殿林、於永明主編：《酒文化》，（青島：中國海洋大學出版社，2003.8），頁207～208。

〔註43〕 猜拳（劃拳），最常見也最簡單的是「同數」，即出手時用若干個手指的手姿代表某個數，兩人出手後，兩數相加必等於某數，出手的同時，每人報一個數字，誰說出的數正好與兩數之和相同，誰就是贏家，輸者就得喝酒。如果兩人說的數相同，則不計勝負，重新再來一次。

〔註44〕 猜火柴棒：一人將兩根火柴棒握在手中，另一人猜是否對齊，即帶有磷頭的一端（或另一端）是否重合，猜不對罰酒。

〔註45〕 擲骰子：也稱「擲色子」。一般有三個骰子，看誰投擲的點大，大者贏，小者輸；或兩人每人一副，然後玩點大。

〔註46〕 擊鼓傳花：這是一種既熱鬧，又緊張的行令方式。在酒宴上賓客依次坐定位置，由一人擊鼓（或用其他物品代替），擊鼓的地方與傳花的地方是分開的，以示公正。開始擊鼓的同時，就開始依次傳遞花束，鼓聲一落，花束停留在誰的手中，誰就得飲罰酒。因此，花束傳遞的速度很快，每個人都惟恐花束留在自己的手中。擊鼓的人也得有些技巧，有時緊，有時慢，造成一種捉摸不定的氣氛，更加劇了酒場上的緊張程度。一旦鼓聲停止，大家都會不約而同地將目光投向持花者，此時大家一哄而笑，緊張的氣氛隨著笑聲放鬆，持花者只好飲酒。如果花束正好在兩人手中，則兩人可通過猜拳或其他方式決定勝負。擊鼓傳花是一種老少皆宜的方式，但多用於女客。

〔註47〕 轉桌子：在桌面上放一根筷子（或其他物品），然後推選一人（令官）用力旋轉桌面（桌面的中央可以旋轉），當桌面停下來時，事先規定的筷子一頭沖著誰誰就得喝酒。除了桌面以外，凡現場可以轉動的東西都可以用來作代替物，如將湯匙放於盤子中心，然後撥動匙柄使其轉動，停止時匙柄所指之人就得飲酒。

〔註48〕 數數：從某一人開始說出任一個數（數字一般在 10 以內），緊挨著的人必須立即說出緊接著的大於這個數的數，依次類推。如果遇到與自己的座位順序號相同的數字，可以跳過這個數，一旦有人說出的數正好與他自己的座位順序號相同則要罰酒。開始那個人的順序號為 1，然後由行令官決定按逆時針或順時針排序。

〔註49〕 對詩：酒席上的人可以背詩，也可以現場作詩，背不出、接不上或作不出詩者飲罰酒。

對對聯〔註50〕、猜謎語〔註51〕。

猜拳

「猜拳」又名「划拳」、「豁拳」、「豁指頭」、「搳拳」、「拇戰」、「拇陣」等。「猜拳」這一種酒令，從古至今，是通俗的、大眾化的飲酒娛樂方式。從大疆南北到臺灣，不用令官主持，只要兩個人以上飲酒，就可以吆三喝四呼喊划拳。

「猜拳」一名，有見於明代陸容《菽園雜記》，雖然當時的猜拳與現在的方式略有不同。陸容曰：

> 今人以猜拳爲藏鬮，鬮音爲鳩，古無此字。殷仲堪與桓元共藏鉤，顧愷之取鉤，桓遂勝。或云漢鉤弋夫人手拳曲，時人效之，因爲此戲。然不知鬮字從何始也。〔註52〕

陸容《菽園雜記》當時猜拳「猜」的是手中藏匿的東西，而現在「猜」的是對方出幾個手指。所以古代的猜拳又名「猜枚」、「藏鬮」、「藏鉤」，陸容的說法又有「猜拳」起源於漢武帝的宮妃鉤弋夫人，因爲手有拘攣症。

猜拳喝酒有些帶有江湖的色彩，有酒量者先自乾一大杯，向在座者挑戰，如同打擂台一般。但也有「少女猜拳拇戰」的另一種情形，《紅樓夢》六十二回寫史湘雲、芳官等人飲酒划拳，「呼三喝四，喊七叫八。滿廳中紅飛翠舞，玉動珠搖，眞是十分熱鬧」。

臺灣的交際應酬場合中作興划酒拳，常見有比數字大小，雙方喊「數字」或「洗刷刷」，有的先念長一點的詞（例如：「螃蟹一隻爪八個，兩頭尖尖這麼大個，眼一擠啊脖一縮，爬呀爬呀過沙河」）再猜拳，輸的罰酒。在旁邊看熱鬧的人也些瞎起閧亂勸酒，有些淌渾水跟著划拳灌酒。而愛喝的人不管輸贏，贏的也喝，說什麼陪喝、敬酒不成敬意等一些客套話，其實是濫喝；有些說要替誰擋酒，也是自己愛喝所找的藉口。比到後來酒喝多了不省人事、不知所云，有的把領帶綁在頭上，有的衣衫不整，有的隨地小便，有的打起架來，亂喊亂叫，有的胡作非爲，酒後亂性，是以佛教受「五戒」之中，有「不飲酒」一項。

〔註50〕對對聯：一人出上聯，下家或大家一起對下聯，對不出者飲罰酒。

〔註51〕猜謎語：一人出一個謎語，下家或大家一起猜，猜不出謎底者飲罰酒。

〔註52〕明陸容：《菽園雜記》，（臺北市：廣文，1970.12），卷十二，頁7。

射覆、投壺賦詩、擊鼓傳花等雅令

酒令之中有屬於知識份子、文人雅士的玩法，美其名爲雅令，是因爲遊戲罰則中需包含創作詩詞，例如：李白〈春夜宴桃李園序〉就有「如詩不成罰依金谷酒數」，可見李白和堂兄弟宴飲也包含酒令遊戲，在時間內吟寫不出詩的要罰酒。又如「射覆」，晚唐李商隱〈無題〉詩有云：「隔座送鉤春酒暖，分曹射覆蠟燈紅。」這一種酒令，在《紅樓夢》六十二回寫道，大戶人家賈府在寶玉的慶生宴上行酒令。參與者把酒令名字寫在小紙條上，平兒抓鬮，用筷子拈出一個，上面寫著「射覆」。寶釵說：「把個酒令的祖宗拈出來了。『射覆』從古有的，如今失了傳，這是後人纂的，比一切的令都難。」

「投壺」酒令其來有自，根據《左傳》昭公十二年記載：晉昭公和齊景公在宴會上「投壺賦詩」，「投壺」源於西周時期的射禮，這可能是遊戲酒令的先河。三國時，邯鄲淳《投壺賦》曰：「絡繹聯翩，爰爰兔發，翻翻隼隼，不盈不縮，應壺順入」。

行擊鼓傳花令之前，要選一個令官主持，再選擇一種酒令，然後請一個人蒙住雙眼或藏身在屏風後擊鼓，當鼓聲響起，令官左手持花，從腦後傳給右手，接著傳給下一位，然後持續傳下去直到鼓聲停，花傳到誰手裡誰就飲酒，有些遊戲規則還要吟作一句或一首詩。

文士聚飲的酒令，則添加了知識性的文字遊戲。韓愈〈醉贈張祕書〉詩云：

> 長安眾富兒，盤饌羅膻葷。不解文字飲，唯能醉紅裙。

「文字飲」就是流行在文人之間談詩論文的「雅令」，需要較高的文學素養。例如：明陸容《菽園雜記》卷六載一爲友人被貶將出在餞別宴上的酒令：

> 陳祭酒詢字汝同，松江人，善飲酒，酒酣耳熱，胸中有不平事，每對客發之；人有過，面語之不少貸也。在翰林時，常忤權貴，出爲安陸知州，同寮餞之或倡爲酒令，各用二字分合、以韻相協、以詩書一句終之。陳學士循云：「轟字三箇車　余斗字成斜　車車車　遠上寒山石徑斜」；高學士穀云：「品字三箇口　水酉字成酒　口口口　勸君更進一杯酒。」陳云：「蟲字三箇直　黑出自成黜　直直直　爲往而不三黜」。〔註53〕

連續三個對句話中有話，首先陳學士循云：「轟字三箇車，余斗字成斜，車車

〔註53〕明陸容：《菽園雜記》，（臺北市：廣文，1970.12），卷六，頁22。

車，遠上寒山石徑斜」；「遠上寒山石徑斜」語出晚唐杜牧〈山行〉：

> 遠上寒山石徑斜，白雲生處有人家。
>
> 停車坐愛楓林晚，霜葉紅於二月花。

這一首七言絕句所述的「山行」可能是長途旅行中一部份，因爲從第三句的「晚」字逆推，詩人已經行了一天路，傍晚時分即將要找個第二句說的「人家」歇宿。首句說：「遠上寒山」，在傾斜、崎嶇的石徑上坡前進，往高處遠望，可以見到「白雲生處有人家」，在白雲升起的那一頭風光很美而且有人煙，傍晚應是炊煙裊裊和著白雲從谷底升起。

起承轉到第三句，爲何突然「停車」？天色已「晚」，「人家」尚遠！疑惑隨即於末句揭曉，原來是路邊一片楓紅，比之於二月春花紅似火，在夕陽的餘暉中更顯秋光絢爛，因之吸引作者放慢腳步乃至駐足觀賞，因驚豔而「停車」表達喜「愛」之情。當風勁霜嚴之際，滿山遍野的楓紅所散發的生命張力，跳脫屈宋文人的悲秋觀；那麼酒令首句「遠上寒山石徑斜」一語雙關是說被貶之後的即將前往的可能是一段令人心「寒」的崎嶇，但誰知道前面沒有令人驚喜的白雲生處的人情味和溫暖又美麗的楓紅呢！這似乎是爲未來埋下伏筆。

接著高學士穀云：「品字三箇口，水酉字成酒，口口口，勸君更進一杯酒。」「勸君更進一杯酒」語出盛唐王維〈渭城曲〉：

> 渭城朝雨邑輕塵，客舍青青柳色新；
>
> 勸君更盡一杯酒，西出陽關無故人。

「柳」諧音「留」，挽留不捨的意思，典故出自《詩經・采薇》：「昔我往矣，楊柳依依。今我來思，雨雪霏霏。」高學士借用王維的詩表達依依不捨之情，同時也代表餞別的所有賓客們的惜別與祝福。

最後陳云：「蟲字三箇直，黑出自成黜，直直直，焉往而不三黜。」「焉往而不三黜」語出《論語微子第十八・二》：

> 柳下惠爲士師，三黜。人曰：「子未可以去乎？」曰：「直道而事人，
>
> 焉往而不三黜？枉道而事人，何必去父母之邦？」

「士師」，典獄官，掌管刑獄。「黜」，罷免不用。

柳下惠當典獄官，三次被罷免。有人說：「你不可以離開魯國嗎？」柳下惠說：「按正道事奉君主，到哪裡不會被多次罷官呢？反之，如果不按正道事奉君主，何必要離開自己的國家呢？」如此看來，陳詢對於雖然得罪權貴

而換來貶謫，仍堅持擇善固執，並暗喻自己就是像柳下惠那正直的人。朱熹注曰：

> 柳下惠三黜不去，而其辭氣雍容如此，可謂和矣。然其不能枉道之
> 意，則有確乎其不可拔者。是則所謂必以其道，而不自失焉者也。
> 〔註54〕

柳下惠因為堅持正道多次被罷免，但言詞態度一貫溫和，陳詢在此應有見賢思齊之意，因為自己在酒後吐心聲，藉著酒令表露堅持，對於柳下惠的雍容與堅定是自己的目標。總之，「轟字三箇車，余斗字成斜，車車車，遠上寒山石徑斜」；「品字三箇口，水酉字成酒，口口口，勸君更進一杯酒。」「矗字三箇直，黑出自成黜，直直直，焉往而不三黜。」這三個像鼎足對的酒令對句，不但字面相對既是賓主對話，言外之意更是一語雙關，有自我解嘲、賓客的祝福、自我勉勵，應該還有「柳暗花明又一村」、「塞翁失馬，焉知非福」的轉機與曙光。

「雅令」又如《紅樓夢》第四十回〈史太君兩宴大觀園　金鴛鴦三宣牙牌令〉，「牙牌令」中的「牙牌」就是骨牌，是當時流行的賭具，大觀園中的宴會用以行令，並訂下遊戲規則：「牙牌令」令官會打開三張骨牌，參與者必須根據牌象從詩詞歌賦中找出一句押韻的詩文相應，每一張說完後，再把三張牌配在一起，最後先總結前三句賦予專名，再加一句也押韻的詩句，於是四句又組成一首詩。例如：薛寶釵說：

> 左面是「長三」，——雙雙燕子語梁間；
> 右面是「三長」，——水荇牽風翠帶長；
> 當中「三六」九點在，——三山半落青天外；
> 湊成「鐵鎖練孤舟」，——處處風波處處愁。

「牙牌令」所選的詩句大多出自唐詩，如果是飽讀詩書、國學常識豐富、文學素養又旗鼓相當的文人雅士一起玩「牙牌令」，那真是詩光文影交鋒爭輝。以《紅樓夢》來說，雖然內容是由許多角色互相應對不同的詩文，但事實上是曹雪芹個人的學養豐富又多元，所以以全知全能的觀點一人分飾多角，（如同當代的布袋戲泰斗黃海岱、黃俊雄諸位大師所編的劇本所講的口白，一個人要分身扮演生旦淨末丑，其中又要符合身份年齡差異懸殊的的口吻），曹雪

〔註54〕朱熹：《論語集注》目錄 http://www.minlun.org.tw/2pt/2pt-2~2/0.htm#，2012/3/16 23:15 搜尋。

芹若非飽讀詩書加上人生閱歷豐富，怎麼能兼顧賈府中寶玉、黛玉、寶釵、湘雲諸多表姊妹以及眾丫鬟鴛鴦、平兒、襲人、晴雯，還有長輩祖母、堂嫂等人的聲色口吻才情？無怪乎《紅樓夢》被稱許為文學中的喜馬拉雅山，光看他在上述幾回關於酒令雅令所設計的橋段所套用的詩詞歌賦以及自己的創作，既是清初官場與民間生活的大百科，也在社會寫實中充分展現個人才學，令即使不曾玩過此等酒令的觀者也要拍案叫絕。

（三）戒酒令

以上述及「成也酒、敗也酒」數例，適度運用酒的協助可產生許多偉大的藝術；酗酒造成失態乃至於肇事惹禍上身，其中的關鍵在於節制。但對一般人而言，從貴族到凡夫俗子，常因過度飲酒、不知節制而樂極生悲，為了改善這種情況，宗教的力量在這時發揮了反制的作用，那就是「戒酒令」。

佛教的戒酒令

佛教的「戒酒令」始於南朝梁武帝蕭衍制〈斷酒肉文〉（518～523），此亦促成中國佛教的素食文化。事實上，當時佛教律典中找不到素食的根據。梁武帝以政治力量「制斷酒肉」，但此政策推行受到「律中無斷肉事」的質疑，梁武帝於是大力推廣載有斷肉戒條的《梵網經》，也是信徒至今受「菩薩戒」的根據。經過一段時間的努力，終於促成中國佛教素食的習慣，素食也因此成為中國佛教的特色。

〈斷酒肉文〉形成的背景是：寺院與僧侶人數達到最高峰；建康附近建有佛寺五百餘所，僧尼十餘萬並擁有豐富的資產，有尼師大量收養平民的子女，且未編入政府的戶籍內，使天下納稅、服役的戶口損失大半。許多僧尼甚至奢侈放逸，非但不能弘揚佛法，反而傷風敗俗。

唐釋道宣（596～667）《廣弘明集》卷二六《慈濟篇》收有梁武帝的〈斷酒肉文〉，內容記錄梁武帝大刀闊斧改革當時的僧伽弊病，為「斷酒肉」的政策命令，召開兩次會議。

依〈斷酒肉文〉載：天監十六年五月舉行兩次「斷酒肉」會議，梁武帝依據《大般涅槃經》、《楞伽經》等經文，要求僧眾「斷酒肉」。武帝〈斷酒肉論義〉載，道澄法師宣唱〈斷肉之文〉有「食肉者斷大慈種義」的解釋：

> 《大般涅槃經》言：「食肉者斷大慈種。」何謂斷大慈種？凡大慈者
> 皆令一切眾生同得安樂。若食肉者，一切眾生皆為怨對，同不安

> 樂。……若食肉者障菩提心，無有菩薩法。……以無菩薩法故，無
> 四無量心。無四無量心故，無有大慈大悲。以是因緣，佛子不續。
> 所以經言：「食肉者斷大慈種。」

這段引文從正面勸說有慈悲心的修行人視眾生平等，暗示不吃眾生肉才不會障礙修行，但並沒有明文「不可以吃肉」，對於部分不想改變飲食習慣的僧眾便緊抓這點，質疑禁斷酒肉沒有律典的依據便無法說服僧人禁食酒肉，因此不接受梁武帝的命令，所以即使第一次會議時，梁武帝與僧眾共同立誓，約定斷食酒肉，並詛咒自己若違犯約定，將受惡報；若僧眾違犯，則梁武帝將依《涅槃經》的規定命其還俗，之後將再以王法驅策此人。然而「斷酒肉」的政令在一開始推行仍受阻，皆因沒有斷肉律典。因此在第二次會議時，梁武帝便與僧眾討論幾個重點：

> 為何經典中有斷肉的規定，而律典中沒有？
> 買肉應犯「疑為己殺」之過失？僧辯答：「買者做買『自死肉』想，
> 所以沒有違犯。」
> 懺悔食肉後若再犯，應如何處理？法寵回答：「知慚愧！」

佛教典籍依所載內容分為「經、律、論」三藏，而且「經、律、論」的形成是一個過程：

> 經，是佛教教義的根本依據。佛陀說法四十九年，在涅槃後由弟子大迦舍主持召集有德有學的比丘結集經典而流傳。

> 律，是佛教組織為僧人、信徒制定的紀律或行為規範，以管理僧團並因應僧眾相處所產生的人際問題，於是有了戒律的制訂。戒律的基本原則一般被認為是沿襲佛陀時代而來，而系統化的佛教戒律則在後來逐步形成。

> 論，是對經、律等佛典中教義的解釋或重要思想的闡述。因為隨著時代的推移，佛經在流傳與翻譯的過程必然需要註解，有時遇到解讀不同產生爭議時會有論辯，之後逐漸的各門宗派歸納衍生為相關或各具特色的系統，因此，「論」一般被認為是菩薩或各派的祖師所作，有些則被認為是承襲佛所說。

> 因之，通達佛法能為人講經說法者稱為「法師」，精通經藏者稱為「經師」，精通律藏者稱為「律師」，精通論藏者稱為「論師」，通達「經、律、論」三藏者稱為「三藏法師」，例如：唐三藏法師玄奘。

> 記錄佛陀教說的典籍，稱為經典。也因為經典的結集，正法得以流傳至今。關於經典的來源，根據《長阿含‧遊行經》記載，佛陀入滅後，弟子們

頓失依怙時，竟有一跋難陀比丘卻興奮的表示，從此再也不必受佛陀的約束，而得以為所欲為。大迦葉聽後，為防患未然，因此決心結集佛陀的言教，以令正法久住。

大迦葉首先邀請摩揭陀國阿闍世王擔任護法，提供一切衣食臥具；再挑選五百位有德有學的上座比丘，前往王舍城附近毗婆羅山的七葉窟從事結集的事宜。大會由大迦葉擔任主席，持律第一的優婆離誦出律。優婆離於三個月內，每天陞座誦出戒條，共八十次誦畢，編成一部《八十誦律》，此為一切戒律的根本。《八十誦律》由八大部分組成，合稱為「五篇」。

以上這些戒條是佛陀根據當時僧團所發生的具體過犯而制定。後世學者依此根本律，再推演發展出《四分律》、《五分律》。惟目前《八十誦律》早已散佚而不存。此後又編纂四部阿含經，最後編的《增一阿含經》中包含制律因緣和戒經教義。〔註55〕

由此可知，在原始經典中雖有戒律卻沒有關於禁食酒肉的規定，所以梁武帝制斷酒肉的依據必然要另想辦法。

依天監十八年五月梁武帝敕寫的〈出家人受菩薩戒法〉可知，距離天監十六年五月「制斷酒肉」的失敗大約一年之後，梁武帝便積極的推廣《梵網經》「菩薩戒」，《梵網經》含有斷酒肉的規定。

《梵網經》在學界多被認定為中國撰述成立的經典，但是其確切年代仍有爭議。從天監16年〈斷酒肉文〉的「律中無斷肉事」可知，含有斷肉律的《梵網經》當時應該尚未成立。大約一年以後，梁武帝才開始推廣《梵網經》。由此可見，最初《梵網經》的出現就和梁武帝有關。其次，梁武帝為了達成制斷酒肉的目的，也有撰述斷肉律典的動機。經由相關資料的研判分析，推論《梵網經》可能是出於梁武帝意旨而撰述成立的經典。

梁武帝普通三年（522）郭祖深上書呼應〈斷酒肉文〉：「僧尼皆令蔬食」、寺院僧伽徒眾若無佛法的行持則四十歲以下令其還俗歸農，不然「恐方來處處成寺，家家剃落，尺土一人，非復國有。」郭氏針對當時佛教弊病所提的建言中，最重要的是「僧尼皆令蔬食」，這是改革僧團最關鍵的做法。

梁武帝之制斷酒肉其來有自：

梁武帝以前，佛教並沒有藉素食盡孝的思想，但中國居喪之禮涵蓋素食，

〔註55〕《佛光教科書‧第一冊‧佛法僧三寶》、《佛光教科書第十二課　經典的來源》，高雄：佛光，2008.4.1。

梁武帝的〈孝思賦〉中提到奉行素食以表達對父母的孝思。梁武帝制斷酒肉之後,《梵網經》既有「斷酒肉」戒條,還強調「孝名爲戒」,相關的作法是梁武帝下〈斷殺絕宗廟犧牲詔〉,這也符合儒家「君子遠刨廚」的仁恕精神;而《廣弘明集‧慈濟篇》中沈約等人爲文,多引用儒家仁恕精神勸導素食。

印度在佛教之前已有基於慈心而不殺、不食肉的習俗。影響至中國興起的初期佛教有「三淨肉」及「濾水囊」等作法。而大乘佛教中的如來藏學派,則反對「三淨肉」並嚴禁肉食。梁武帝〈斷酒肉文〉引用「如來藏系經典」宣導「制斷酒肉」,應是受到如來藏的影響——眾生皆有佛性、眾生平等,而且隨著因果法則在六道輪轉,人道也可能墮入畜牲道,今天吃肉之後被吃,冤冤相報何時了,這些在唐代的《水懺》卷二都有詳細說明,所以追隨佛教修行的眾生都應斷肉食。

由此可見,中國佛教的素食文化,必須歸功於梁武帝。梁武帝努力結合中、印兩國的仁愛精神,並推廣如來藏思想、《梵網經》、菩薩戒,經過一段時間之後終於從強制規定變成全面性的「斷酒肉」,吃素竟成中國佛教的特色。

道教中也有戒酒令

飲酒文化早於東漢道教形成以前,道教思想繼承殷商以降的鬼神崇拜、神仙方術和先秦道家,至今道教思想遍及華人生活文化,其中包含酒文化。

以「祭酒」之稱而言,儒家荀子曾三任齊國稷下學宮「祭酒」,「祭酒」原爲饗宴時酹酒祭神的長者,德高望重者才能擔任;東漢道教沿用「祭酒」來尊稱高級神職。張道陵在蜀中創立「五斗米道」,設二十四治,治首即稱「祭酒」。後來,道士的稱謂改變,「祭酒」成爲對道士神階的稱謂之一,《一切道經音義妙門由起》指出道士有「天眞道士、神仙道士、山居道士、出家道士、在家道士、祭酒道士」六階。〔註56〕

道教以戒律約束道士的言行,但早期的道教戒律並無「不飲酒」的規定。例如早期道教經典《老君想爾戒》並無「戒酒」之條,到了明末清初的「全眞道」才明文「不飲酒」。「全眞道」在金代時由丘處機開始傳戒制度,入道者必須受戒才能成道士,但直到明末清初全眞道龍門派的「三堂大戒」〔註57〕,吸收了佛教五戒〔註58〕和儒家的名教綱常思想,明文規定生活各方面的戒律,

〔註56〕《一切道經音義妙門由起》曰:「所以稱爲道士者,以其務營常道故也。」
〔註57〕《初眞戒律》、《中極戒》、《天仙大戒》等合稱「三堂大戒」。
〔註58〕佛教五戒:「不殺生、不偷盜、不邪淫、不妄語、不飲酒」。

其中有「不許飲酒」一條見於《教主重陽帝君責罰榜》:「四、酒色財氣食葷,但犯一者,罰出」。其中規定飲酒便逐出。

戒律約束修行的道士,若已修練成仙,便不會受酒的左右而胡作非為,如同前文〈酒與文學藝術〉所述,酒反而成了正向的助緣。在道教歷史中載有與酒有關的仙人、高人,例如:唐末呂洞賓、金代道士王重陽(全真道的創始人)、清光緒年間道士李涵虛(丹道西派創始人)。以及據明・吳元泰《八仙出處東遊記》〔註59〕至今仍廣為流傳的「八仙」:「李鐵拐、鐘離權、張果老、何仙姑、藍采和、呂洞賓、韓湘子、曹國舅。」

道教對於信徒不嚴格要求戒酒但提醒過度飲酒的害處,《太平經・丁部》有關乎酒害的記述〔註60〕,整理如下:

◎就個人而言

＊損害身體健康(「凡人一飲酒令醉,狂脈便」,「傷損陽精」),導致意外發生危險(「或緣高墜,或為車馬所克賊」)。

＊危害家庭,因酗酒導致:「獨因以絕嗣,或結怨父母置害,或流災子孫」。

＊影響正常工作。酒醉之後「買賣失職」,「或早到市,反宜乃歸」。

◎就整體而言

＊釀酒浪費糧食,「蓋無故發民令作酒,損廢五穀」,「念四海之內,有幾何市,一月之間,消五穀數億萬斗斛。」

＊影響社會乃至天地氣

酒醉之後,「或為奸人所得」,「縣官長吏,不得推理,叩胸呼天,感動皇靈,使陰陽四時五行之氣乖錯,複旱(干)上皇太平之君之治,令太和氣逆行」。

總之,「推酒之害萬端,不可勝記。」過量飲酒的害處,小至個人健康、家庭、工作;大至浪費團體的糧食、敗壞社會風氣影響治安,有鑒於此,《太平經》規定了對酗酒者施予鞭笞和貶降的懲罰:

但使有德之君,有教敕明令,謂吏民言:「從今已往,敢有市無故飲一斗者,笞三十,謫三日;飲二斗者,笞六十,謫六日;飲三斗者,

〔註59〕《八仙出處東遊記》故事取材自《孤本元明雜劇》第三十冊《爭玉板八仙過滄海》雜劇。

〔註60〕王明編:《太平經合校》卷五十六至六十四,丁部五至十三,(北京:中華書局,1960.2),頁214。

笞九十，讁九日。各隨其酒斛爲讁。」

而對製酒、賣酒者，則罰以修葺城郭道路官舍：

> 酒家亦然，皆使修城郭道路官舍，所以讁修城郭道路官舍，爲大土
> 功也。

因爲酒屬水，建築屬土，以土治水：「土乃勝水，以厭固絕滅，令水不過度傷陽也。」又說「水，太陰也，民也，反使興王，傷損陽精，爲害深矣。」人民健康國家才會強盛，反之人民若耽溺於酒，導致國力不振，國家遲早滅亡，這是「水能載舟，亦能覆舟」的道理，所以懲罰製酒、賣酒者修葺城郭道路官舍以補其過。

此外，必要之用酒者則不在受罰之列，例如：祭祀（「祠祀神靈」者）、醫療（家有老人、病人「藥、酒可通」者）、餞行（「千里之客」）。

從上述可以歸納幾點與敦煌酒令舞譜的幾個思考：

與歡宴有關、與祭祀有關、與成仙有關、與藝術創作有關——與歡宴有關，敦煌抄寫本殘卷舞譜在王昆吾的研究中被確定爲酒令舞譜，這樣的傳統可以溯及《詩經》；然而石窟經變圖既然畫的是《阿彌陀經》、《藥師經》等供佛的經典就與祭祀有關，爲何與酒令舞譜有關？推測可能是因爲百姓把自己視爲瓊漿玉液的美酒供奉給諸佛菩薩，祭祀神完畢後眾人可以飲宴，但畢竟是凡人，所以有時飲酒過度就釀成了酗酒鬧事，並不是飲酒的本意。而爲何與成仙有關？大概是因爲「取法乎上」的想像，在供養諸佛菩薩、諸位神尊的時候，希望自己也能得到庇佑健康，甚至也能修練成仙，或者有一個美麗的想像，在一尊還酹江月的時候，隨著酒氣、香煙裊裊之中，凡人也可能隨之飛升，而一切抽象的祝福、許願、想像，都變成畫師的靈感，成就一壁又一壁的藝術創作。

第四節　佛光山南屏敦煌舞譜

一、南屏敦煌舞團簡史

（一）南屏敦煌舞團

佛光山南屏別院的敦煌舞團始於 2008 年 3 月，其前身爲佛光山高雄市普賢寺敦煌舞團（1987～2008.1），當時的指導爲住持依敏法師，2008 年南屏別

院落成，住持爲滿益法師，普賢敦煌舞團移至南屏別院更名爲南屏敦煌舞團。舞團成立至今已二十三年，前後共經歷三位舞蹈老師，而陪伴舞團最久的是徐玉珍老師，至今已任教十年；學員都是業餘舞者，平常分散在各行各業，每週一個晚上練舞，若要配合活動進行表演，便會密集練習，雕動作、練默契、整齊度，或者配合不同的場地調整舞姿或走位、隊形。

（二）舞團指導老師徐玉珍

徐玉珍老師是臺灣舞蹈先驅國立藝專（今臺藝大）李天民教授的高徒。其習舞、教舞過程六十年來，從芭蕾、民族舞蹈到敦煌舞，曾擔任臺灣舞蹈協會的理事長。

徐玉珍老師與佛光山的結緣早在念大學時，有一年暑假，一位住宜蘭的同學邀請家住高雄的徐師到佛光山遊玩，後來方知其姊爲長老尼　慈容法師。那位同學就是現任國立臺灣藝術大學舞蹈系主任吳素芬教授。

徐師於十多年前開始承接普賢寺社教班敦煌舞課程，茲因當時原本的老師因故不克繼續。多年來開班授徒，桃李滿天下，從高雄普賢寺到、鳳山禪淨中心、鳳山講堂、彰化福山寺、南屏別院。班別有成人基礎班、初階班、進階班；兒童基礎班、進階班。十多年來配合佛光山的梵唄與弘法慈善諸項活動，編導多支「敦煌舞」舞碼，獲得廣大迴響。

徐玉珍老師學不厭教不倦，多年前曾到雲南採風、到甘肅、北京跟高金榮老師請益敦煌舞，至今仍持續訂閱舞蹈期刊與敦煌文獻。

（三）徐玉珍編導的「敦煌舞」

1. 以現代佛教音樂編舞

徐玉珍老師開始編導宗教舞蹈始於 2000 年佛光山高雄普賢寺。她認爲編舞需要思考動作、動線（舞臺上的走位、隊形變化），有時聽〈如是我聞〉系列的佛曲，靈光乍現很快就編好了；有時則要想很久，例如編「白衣觀音」時就遇到瓶頸，當音樂來到中間的誦經咒，卻不知道要怎麼編下去，過了好幾個禮拜，突然福至心靈，直覺是觀世音菩薩賜予靈感，終於編好了，表演於年度爲貧童募營養午餐的園遊會上，引起廣大迴響，有觀眾有法師潸然感動，讚嘆不已。

編舞內容的肢體語彙組成，經常是「融合」之前所學，或可解釋爲某種程度的「集大成」，以芭蕾爲例，就有古典芭蕾、爵士芭蕾、中國古典芭蕾、

現代芭蕾，北京的中央舞蹈學院就編過〈紅樓夢〉、〈大紅燈龍高高掛〉，其中還設計打麻將的橋段，總之編舞常常結合「天馬行空」的想像。徐老師憶及學生時代曾有一位教《美學》的老師提醒多看看、多想想生活經驗，編舞不能跟生活經驗脫節，例如要跳「採茶舞」，各位可知茶樹有多高，是比身高還是矮呢，是要往上還是往下採呢，所以要「采風」。徐老師曾經到雲南西雙版納少數民族之一的傣族去采風，跟他們生活一段時間，觀察他們吃什麼、煮什麼，怎不洗澡、被子怎麼有味道、看他們怎麼依水生活——怎麼洗籃、舀水、挑水、洗衣，因此編成一段民族舞。

　　總之民族舞蹈與生活脫不了關係。也因此，徐師編敦煌舞時，自然會融入印度、西域、新疆等絲路上相關的民族舞蹈，步驟約可依次分爲三階段：第一從「音樂」著手；第二動作銜接；第三，學生做不來時會修改；第四，場地變動時，舞姿、隊形，或增或刪、機動調整。

2. 歷年代表作

　　徐玉珍老師曾被同業質疑「敦煌舞」怎麼能教那麼久，一教就十幾年，而且只要學生需要學，她就會一直教下去，她認爲此可歸功於配合梵唄音樂及佛光山頻繁的弘法活動。例如：佛光山南屏別院於 2001 年 1 月 23 日下午 3 點，舉辦「護法傳燈委員歲末感恩茶話會」，高雄人間大學兒童敦煌舞班表演「悲智願行」以文殊心呪、滅定業眞言等樂曲，配合整齊的舞蹈展現四大菩薩的慈心悲願。〔註 61〕而以佛光山音樂——法會獻供之舞——〈三寶頌〉表演於 2009 高雄世運之前的「萬宗一心」，再如 2010、2011、2012 年 3 月於佛陀紀念館——南區禪淨密法會（佛光會舉辦、約兩萬人與會）表演〈六供養〉，舞者以「彩帶」象徵雲水三千，以仿「香花燈塗果樂」的道具代表信眾獻上六種供養禮敬諸佛。2012.7～9 爲唐美雲歌仔戲《大願春秋——南無地藏王菩薩》伴舞，設計敦煌舞、朝鮮舞，因爲據說地藏王菩薩曾經投胎朝鮮爲金喬覺王子殿下，後來出家來到中國。

　　結合宗教與慈善的舞蹈表演是「敦煌舞」歷久彌新的原動力。徐老師爲教授基礎班與初級班，設計的暖身與基本動作非常豐富，原本搭配地藏禪寺製作的〈蓮花處處開〉（有歌詞與純音樂兩種）與《妙蓮華》出版的佛曲音樂〈南海普陀〉，但卻可因應不同的音樂而加以拆開，重新排列組合到或快或慢

〔註61〕記者圓靖，高雄報導，《人間福報》，2001 年 1 月 30 日。

的節奏。

　而多數以十年舞齡爲主的進階班，每次上課仍須練基本功〈南海普陀〉，然後接超慢版的〈誰唸南無〉。徐老師認爲，跳越久，舞姿越編越慢，舞容的細膩度發自內心。推測其緩緩流洩的應似「思惟菩薩」般的智慧，或者說是由內而外可以引發觀者修行的嚮慕與靜定。

3. 修行之舞開枝散葉

　以舞爲修行法門，學敦煌舞、在法會演出敦煌舞也是佛門的一種修行。

　以「敦煌舞」弘揚佛法，舞者燕萍的回答很符合敦煌壁畫中的供養圖示，「以舞供養」是佛教的一種修行方法。《維摩詰經》、《藥師琉璃光如來本願功德經》、《地藏經》等經典都有相關記載。修行之舞，在每次表演前由玉奇學姊帶舞團三稱佛號、誦心經一卷、回向供養諸佛菩薩天、大眾，表演完則灑菩提葉、參與法會、念佛、總回向才圓滿。至於手臂上多穿一件絲襪，露而不露，（玉宣師姐說）爲信徒「守戒」、「持戒」，即古德所謂「寧動千江水，不動道人心」。

（1）供養諸佛菩薩之舞

　每當表演出場前，會由學姐帶領「靜心、禁語」的儀式，先以虔誠之心供養諸佛，猶如彩塑之靜坐菩薩；接著三稱南無本師釋迦牟尼佛、誦《心經》一卷、迴向佛光四句偈：「慈悲喜捨遍法界，惜福結緣利人天，禪淨戒行平等忍，慚愧感恩大願心」。

　燕萍、秀眉是徐老師在普賢寺教的第一屆學生，今年（2011 年）邁入第十一年了，也是「南屏敦煌舞團」的首席，時常參加與宗教結合的慈善義演，並輪流擔任徐老師基礎班、初級班的助教。賴燕萍平常是國小老師，天生筋骨「開」，雖然不是從小習舞，卻有專業舞者的骨架，加上平時苦練，表演時都是專業級的水準，例如：「抬腿」貼臉頰、「旋轉」幾十圈（推測已達白居易詩描寫〈胡旋舞〉的絕技）。訪問燕萍表演時是否也曾怯場？她說「害怕」藏在心裡，想成是在「供養佛菩薩」就是了。〔註62〕燕萍說：「以供養佛菩薩的心情跳舞，就不怯場。」供養諸佛諸天大眾，因爲眾生皆有佛性，皆在未來的某一時空成佛。

　2011.3.26 下午舞團回佛光山排練時妙基法師隨車開示：「跳舞時專注、靜

〔註62〕2010.08.14 與惠中寺成立近一年的舞團交流後說。

心，跟打禪坐時一樣都在修行。」在佛陀紀念館排練時，覺培法師提醒：「跳舞時觀想飛天在西方極樂世界以舞供養諸佛，並聆聽阿彌陀佛開示。」又如2010.08.14與惠中寺成立近一年的舞團交流時，黃莉莉師姑編排之伎樂天，在彈撥琵琶、古箏時，多次使用由靜而動的「思惟菩薩」站姿走位，並教導舞者「準題菩薩手印」，可見得觀想正念也是一種修行。所以當法會即將圓滿時，由敦煌舞者以飛天之姿灑菩提葉時，就是要大眾觀想，如同《維摩詰經》中維摩詰居士與文殊師利菩薩對談時「天女散花」，或如《梁皇寶懺》卷六：「說法，則六時花雨以繽紛。」而若以《梁皇寶懺》卷十「常知總相別相，總總諸法」觀之，則「天女散花」為「總相」（共相），人間的敦煌舞者灑菩提葉為「別相」（殊相），以修行而言，總別為一。

（2）與菩薩同修、與青春共舞

以心態而言，徐老師認為教業餘的學生較沒有壓力，業餘舞者敬業甚於專業舞者。

原因之一或為：業餘者是志願來學習敦煌舞，動機是信仰、興趣或運動，持續學習數年以上的學員，自然是對敦煌舞有熱情才願意就「基本功」一再地練習，而此學舞熱情既有與菩薩同修的信願力作後盾，卻間接的因健康而充滿青春活力，逐漸地如同星雲法師所言「春天，不是季節，而是內心；生命，不是軀體，而是心性；老人，不是年齡，而是心境；人生，不是歲月，而是永恆。」〔註63〕

因為信仰的力量，所以有學員原本體力不支暈眩，因感覺佛菩薩加持而撐過去；或者原本動作繁複記不起來，祈求佛菩薩加持，用很多方法努力一起記，例如祖母級的代書龍朱可以邊打電腦紀錄歌詞編跳動作，直到半夜三點才就寢，並為灑花的花籃設計用塑膠碗公、七彩亮片紙、熱熔膠、中國結、號召大家利用下班後兩個晚上一起作美勞完成；而中倫、郭敏、卿慧等直呼年過半百第一次學舞，雀躍徐師打造唯美的舞臺——許「婆婆媽媽」永遠的美麗。而多年來在佛光山人間大學春秋季的成果展中，〈楊柳觀音〉常讓許多觀賞的法師感動得哭了。

至於專業舞者自小受訓練，有成績與比賽等壓力，所以老師常要逼程度，例如要求腿要抬多高，要轉幾圈，反覆的逼練，有升學或比賽目的的練習可

〔註63〕星雲大師，《佛光菜根譚》十八，高雄：香海。

以看出他們不見得喜歡跳，而且現在的學生不比以前，以前的學生可以「等」，等一段時間看出學習的成效，但現在的學生常常找藉口請假、或者注重其他科的補習，諸多原因使得徐老師不再把時間放在幫學生「磨動作」。所以漸漸地這幾年開始，徐老師就教業餘舞者多於專業舞者了。

原因之二：「無常」之用，窮則變變則通，南屏當家覺機法師常勉勵發揮佛光人應「變」的能力，裝扮、場地、時間、順序，在在訓練大家面對無常的能力。

業餘舞者分佈各行各業，臥虎藏龍的專業；並跨越年齡層，有非常年長的老菩薩，例如：元亨寺和鳳山講堂的老奶奶們；也有小學生，但大部分是中年的上班族或家庭主婦，因為參加佛光山人間大學晚上或週休的「敦煌舞」課程而成為徐老師的學生，參加的原因大部分是因為既可以運動，舞姿、裝扮也優美。

關於裝扮，有幾位學員平常就是美髮師、化妝師、賣衣服的老闆，不但裝扮自己，也協助同學上妝、梳頭，例如：常擔任「乙丙級美妝評審」、也是佛畫班的淑惠媽媽就認為化妝就是「在臉上畫圖」；曲玄媽媽不但會化妝更擅長梳頭，可以在一兩個小時內梳一二十個頭，小孩大人都敏捷迅速；鎖徨媽媽既會梳妝，更擅長做頭飾，遇到大場合需要新學員支援時，可以在幾天內以巧手黏縫好幾個華麗卻物美價廉的頭套；而資深舞者秀眉不但巧手做不同場合的創意頭飾，最有創意的是，常取材於生活中的小物件（如：紙板、塑膠）仿製琵琶、鼓、花籃等道具，創意巧思維妙維肖，也為演出踵事增華。

當然舞蹈時未必都要音樂或道具，周朝六舞中「人舞」其實就是徒手的「空」舞，例如徐師編〈六供養〉時，曾為六組供物「香花燈塗果樂」中之「塗」苦惱，花了一些時間瞭解何謂「塗」後，再思考要用什麼道具代替，最後決定用「香水瓶」，當然又是秀眉巧手找了裝液體的大塑膠瓶糊上亮晶晶的金箔又成了耀眼的精美的供品了。

原因之三：循序漸進的教學方式。

徐師教困難的動作：拆開分解、反覆練習，就會了。

與道具培養感情，例如轉笛子，先練右手再練左手；先練肩高、平的，再練高處上下空間的。如此循序漸進的方式，好像學佛修道者，欲證得「阿耨多羅三藐三菩提」，須歷經三大阿僧祇劫，從初發心，經「十住」、「十行」至「十迴向」，即佛法所稱「三賢位」之菩薩；再從「初地」至「十地」，即

佛法所稱「十聖位」之菩薩，如是「三賢位」及「十聖位」，總共「四十階位」，再歷經「等覺」，方能證得「妙覺（阿耨多羅三藐三菩提）」。〔註64〕

　　總之，多年來，徐老師和許多學生建立如同家人般的感情，每次上課有同學奉茶水、自己做的餐點、過年過節應景的食物，在在讓徐師直呼「不胖也難」。徐師家的長輩往生，眾多法師與同學協助料理。老師創意源源不絕，但太多班不會死記動作，同學會互相提醒，也常提早練習；老師貴人多忘事，常常忘記帶音樂 CD，每班的德學長總會及時拿出備份。老師若遇到太多表演，編舞不及甚至遇到瓶頸，學生總是靜候諸佛菩薩賜予的佳音。

二、南屏敦煌舞譜舉隅

敦煌舞譜──音樂〈蓮花處處開〉（地藏禪寺），2009/0807～1009

◎敦煌舞八大元素：提（吸氣）、沉（吐氣）、冲（衝）、靠、含（胸）、腆、移、旁提

　（兩兩相對）

◎手勢介紹：蘭花指（蝶姿）蓮花指（佛手）

◎舞台上分為八個方位

◎說明：

　可搭配不同音樂。

　打赤腳，因壁畫中之飛天仙女未穿鞋。

　印度、新疆、雙腳之間通常打開，中國傳統舞則多閉合。

　敦煌舞的兩腳中間一定留有空隙，且若有一隻腳蹲，另一隻也會微蹲。

　手眼身法步，手到哪，眼就跟到哪；表演時，眼神要看到觀眾最後一排。

　含胸時，從丹田收腹，再腆出。

　動作往往對稱（左右相反）。

　初學必然覺得動作多又難，多練幾次（十次以上）就會了，學姐有的已跳九年十年以上，所以才會跳得很美。道具多來自秀眉的巧思，例如以塑膠花盆作腰鼓。

　要跳出「韻味」。

〔註64〕華嚴十地，大乘之修行階位，參見印順法師：《成佛之道》（增注本），頁397～418。

◎ 先做暖身動作，例如坐姿壓腿。

◎ 舞譜：

　　坐姿：左腳前右腳後，雙腳腳跟成一直線。

　　順序：肩膀放鬆、頭擺正、自然深呼吸，把心靜下來。

→ 合掌式

→ 推擺手（慢（大三節：肩臂腕）、快（小三節：腕掌指）放軟）

→ 平托式→斜托式→蓋手立掌

→ 揉拳→抱拳→抱笙

→ 吹笛→輪指（撒花）→小舞花

→ 荷花開、闔（左右左三次，手指一根一根收）

→ 含苞（右左兩次）

→ 拿起蓮花燈（先右再左）「盤轉手」（雙手加含胸兩次，再右左各四次）

※ 轉花時要讓花面朝上所以要多轉一圈，想像花在水上游。

※ 有道具、服裝時要更小心跳。

→ 左腳往左伸直、身轉左、雙腳抬高（右小腿疊在左小腿上　抬高　盡量伸直）、雙手托（左高右低）

→ 回正，換成右腳前左腳後，雙手收回腹前，掌開往前推盡（背伸直）往兩邊開再往頭頂上撐天，頭往上看

→ 平托、右腳往右平伸、右手高左手低（飛天）

→ 雙腳收、跪姿

→ 雙手往左、左手高右手低、長跪、往右後「靠」、臉看鏡子

→ 左手高右手低、站起來、右腳前左腳後跟提起（雙腳間要有空隙）、身體轉向第 2 方位

→ 左腳後退一步站好、雙手往上平抬、右腳抬放左膝上勾

→ 右腳放下、右手由右腰測往頭右上側「盤手」、身體往右後「靠」、左手放低、頭看左手、左腳「勾抬」在右膝的高度、

→ 左腳放下走　右腳跟立起併靠左腳掌中間的位子、後蹲蹺屁股、左手高右手低、左手托近鼻（聞花香）

→ 雙手舉高「平托」、向右轉兩圈（身體不用上下晃動，以免手上蓮花燈晃）

※ 轉圈：踏（腳踏開）、交叉、轉。

→右手高左手低　往右小跑步兩拍、左手高右手低　往左跑兩拍（頭要看前面）

→向左後繞大圈回到正面

→雙手向第七方位「分水」、左腳併點在右腳掌中、

→右手高左手低　傾身　由左向右轉向第二方位（手帶頭一起轉）雙手由下而上在頭頂作「鹿角」、抬左膝

→右手由下而上「盤手」，雙手掌由下往上抬至額前　花向觀眾」，左腳尖靠向右腳點。

→雙手舉高「平托」向左移動轉兩圈

→右腳點在左腳旁，身體往左後「靠」、雙手交叉（右手上左手下）在腹前「荷花開」

→（右腳往右一步）踏、點（左腳往右腳右上勾）、身往左後「靠」、左手往右上舉

→相反：左 //　　　　　　　右 //　　左　　　　　　　右 //
　　右左 //　　左

→右腳放下、左手下移左肩上、右手先自轉、雙手「雲手」、身體向左轉　傾向第二方位、右手伸直花也向第二方位、左手在左肩上（花心向觀眾）左腳跨在右膝上

→相反：左手先自轉、左腳放下、雙手「雲手」、右轉「擰身」回正，左腳在右腳後、左手花在右腰側、右手過頭左側

→左腳向左前（第八方位）跨一步，右小腿往後抬，雙手高舉作「飛天」右腳放下回右邊、左腳往左拉直點、右手往後（過頭左側）舉高，左手花在右腰側

→左手高　右手低　向左繞一圈回正　雙手收至胸前、上舉頭頂、載往兩側平托、左膝微彎靠右膝

→「風火輪」三次（右手往身左側開始向下、再從右邊起來。祕訣：身體要柔，膝蓋要彎，手貼近身體，雙手在動時，伸開近似一直線。）
　　（若腳未蹲，只做手勢，稱「輪臂」）

→雙手由兩側收回、左膝微彎靠右膝

→雙手上舉至頭頂、再往兩側放下（「花面」朝觀眾）、反覆三次（此動作和「風火輪」可設計多人不同速度做「千手觀音」）

→右手舉高左手向左下伸，向右小跑步（臉要朝觀眾）四拍、停、左腳跟
　抬點在右腳旁、面向第三方位、右手高左手低（托姿）、停、雙手上下四
　拍、左手往左上托、轉向第一方位、右腳勾

→相反：左 ∥　　右 ∥　　　　　　　，向左 ∥　　　　　　、停、
　右腳跟抬點在左腳旁、面向第七方位、左手高右手低　　∥　　　右
　∥　　　　　、轉向第一方位、左腳勾

→左腳放下，身向左繞轉回正面，雙手做四次「上下」小舞花（第八、六、
　三、一方位）

→踏、推胯、抬腿
　右手上左手下「托」，左腳抬膝靠在右膝

→相反：左 ∥　右 ∥　　　　　，右 ∥　　　　左

→雙手由下往上平托、左腳跟放在右膝、左手先自轉一圈、左腳放至右腳
　側、雙手在頭上雲手互繞、向右轉一圈回正

→左腳在右腳後、慢慢坐下吸一口氣、「臥魚（雲）」（國劇身段之一，例
　如：「貴妃醉酒」）（身體前彎、左手拿蓮花燈至右腰，右手持燈繞至左
　腰）、臉看天花板

→慢慢抬起身、回正，雙手平抬，右手往右前放下燈後舉高，左手往左前
　放下燈後舉高，平托「合掌」、由上而下至胸前、雙手蓮花指放膝上、回
　到最初打坐合掌的姿態。

　（整支舞的表現為一個圓）

2009.10.09 複習、修細節

平托時，雙手要高舉過頭，至少不能低於頭高。

觀想「放鬆」，任何舞蹈都要「放鬆」跳起來才會好看，尤其是「胸前」，
不要憋氣。

肋骨至腹部以上這一塊稱為「核心」，要常提醒自己「收核心」，這時也順
便提臀，兩者如同升國旗時，旗上繩下。

2009.12.04 雙手舉花，約與「頭」同高的位子。

敦煌舞譜　春季班 2011.3.11

禪淨密──新編〈六供養〉

共設計三組前、中、後的隊形：

前：面向佛陀紀念館：四位飛天寬幅飄帶

中：環繞「禪」、「淨」、「密」三字中心內圈：四位伎樂天站在蓮花座上彈
　　撥：箜篌、鼓、琵琶、中阮，並有四位飛天舞動細彩帶

3 後：環繞「禪」、「淨」、「密」三字中心最外圍：二十五位飛天持「香、
　　　花、燈、塗、果」五種供品。

各組的動作配合三段音樂設計「簡單的動作重複做」，表現整齊莊重的氣
質，並隨三段音樂中的過片換位。

〈六供養〉（香花燈塗果樂），共有三段，動作重複，因最後一段有拍子較
長之處，所以左右各慢慢轉一圈。而段落之間的間奏（過片），「香、花、
燈、塗、果」五組跑圓場。

歌詞有三段，每段中都有咒語，舞到咒語時，向右、左一圈，且各踏、點
五次，「五個方位」的踏點搭配禮敬五方佛。

（女）維此妙香眞法供　　久修戒定慧爲熏　　以由中道觀心融　　遍法界中常
　　　奉供

（男）我佛如來　　有獻香眞言　　謹當宣誦

（眾）唵薩婆怛他揭多　　杜婆布闍暝伽　　三慕達囉　　窣發囉拏　　三末曳吽
　　　（鼓鈸）

（女）維此現前眞法供　　忍衣智食妙難思　　以由中道觀心融　　遍法界中常
　　　奉供

（男）我佛如來　　有獻衣眞言　　謹當宣誦

（眾）唵薩婆怛他揭多　　阿弩怛囉婆　　日嚕跋摩　　三摩地　　婆缽那跛那
　　　部折那　　薩網那　　布闍暝伽　　三慕達囉　　窣發囉拏　　三末曳吽（鼓
　　　鈸）

（女）妙寶現前眞法供　　金剛能斷智難思　　以由中道觀心融　　遍法界中常
　　　奉供

（男）我佛如來　　有獻寶眞言　　謹當宣誦

（眾）唵薩婆怛他揭多　　摩訶跋折嚕　　嗢婆摩怛那　　波羅密多　　布闍暝伽
三慕達囉　　窣發囉拏　　三末曳吽

舞譜如下：

（女）（嗯）「維」此「妙」香　　　「眞」法　　　　　「供」

進場小跑　供品上舉　　　　　下　　　左　　　　　向右轉一圈回正
供品向右上舉、左腳尖點、暫停
　久修　　　　　　　　　戒定　　　　　　　慧爲熏
供品向左上舉、右腳尖點　　供品向右上舉、左腳尖點　　供品向右左上
舉、左膝抬碰右膝

　以由　　　　　　　　　　　中道觀　　　心融
供品在頭上、向右轉自一圈　　　供品置胸前　右腳放左膝　左腳放右膝

　遍法界中　　　　　　　　　　　　　常奉供
身向左（第七方位）　左手上　右手下翹臀、暫停　　　向右轉一圈

　我佛　如來　　　　　　有獻香
供品上舉　下舉、微蹲（斜前）供品上舉第二方位　左膝向左、左腳尖點
　眞言
供品上舉第八方位　右膝向右、右腳尖點
　謹當
右腳向右跨一步　左腳跨過右腳　轉一圈回正　左腳向左滑步推出　手向
右上、右手上左手下
　宣誦
左腳向左跨一步　右腳跨過左腳　轉一圈回正　右腳向右滑步推出　手向
左上、左手上右手下

（以下咒語部分）
唵薩婆怛他揭多　　　　　　　杜婆布闍暝伽
向右轉一圈回正（第一方位）　　　　　　（踏點五次）左腳尖點在右腳掌
旁　手向右上、右手上左手下

（禮五方佛）
三慕達囉　　　　　　　　窜發囉拏
（第七方位）左手上右手下　　　　　（第五方位）右手上左手下
三末　　　　　　　　曳吽（鼓鈸）
（第三方位）左手上右手下　　　　　（第一方位）右手上左手下

【間奏】跑圓場

（女）維此現前眞法供　忍衣智食妙難思　以由中道觀心融　遍法界中
　　　常奉供

（男）我佛如來　有獻衣眞言　謹當宣誦

【過山洞、一個接一個】

（眾）唵薩婆怛他揭多　阿弩怛囉婆　日嚕跛摩　三摩地　婆缽那跛那
　　　部折那　薩網那　布闍暝伽　三慕達囉　窣發囉挐　三末曳吽（鼓
　　　鈸）

【間奏】跑圓場

（女）妙寶現前眞法供　金剛能斷智難思　以由中道觀心融　遍法界中常
　　　奉供

（男）我佛如來　有獻寶眞言　謹當宣誦

（眾）唵薩婆怛他揭多　摩訶跛折嚕　嗢婆摩怛那　波羅密多　布闍暝伽
三慕達囉　窣發囉挐　三末曳吽〔註65〕

從「吽」開始　貢品上舉、慢慢放下，蹲、右腳往左後點、向右轉一圈回
到第一方位

→左（慢、停約二拍）右左（約各一拍）
　貢品向左（第七、三方位）上捧高、左腳膝向左、腳尖點靠右腳、貢品
　向右上、左上腳姿左右相反

→

→向右快速自轉一圈回到第一方位？
　貢品向左上、右腳掌放左膝、貢品向右上、左腳放右膝、身轉向左（第
　七方位）貢品上舉、翹臀

→向右快速再轉一圈回到第一方位？
　左右（第八、二方位）

貢品斜上舉（左右各一次，腳尖點靠另一腳）、左腳跨過右腳轉一圈回正？

2011.4.1

〈仙樂飄飄〉笛子＋琵琶

〔註65〕佛光梵唄法音清流之14，《梵音樂曲》。
　　　　佛光山梵唄研究小組：法音清流之14，《梵音樂曲》，如是我聞，1998.9。

笛子：

※ 練習拿橫笛（跟笛子培養感情）、練習右手在胸前平轉笛子、在頭右上上
　　下轉笛子（靠手腕轉）

左手放笛後（手心向外）、右手放笛前（手心向內），嘴巴靠近笛右側，右
腳跨在左腳左側、從左邊跑向右邊，到舞台中心向右轉一圈回正

→

左腳尖點靠右腳、放右膝上、放到右腳右轉一圈回正，變成右腳放左膝
（※每轉圈則左右換手）

→右腳放下、向右連轉三圈回正

→左腳先向左側伸直斜點、換成右腳放在左膝、右腳再放到左腳左後、向
　　右轉一圈回正變成左腳在後「腳掌背貼地」的「大拗步」

→左腳向左一步、左手背身後腰、右手向上轉笛、右腳抬高、向左快步走
　　轉圈

回正

→在原地向右平轉兩圈、又變成左膝向左、左腳尖點的靜止狀態

→左腳放右膝　再放到右腳後右轉一圈　接著腳和琵琶一樣的動作
　　向右走　前抬左腳　後抬右腳　各做兩次

→→

琵琶：

左手琵琶頭、右手琵琶尾、右腳跨在左腳左側、從左邊跑向右邊

→

當音樂到笛子向右轉三圈時才開始小碎步跑到舞台中間向右轉一圈、右腳
尖點靠左腳心側

→當音樂「噹」時，左膝向左一步微蹲、琵琶向左推出、右手向下撥弦、
　　停住

→左腳向右腳右後跨一步、手變右上左下交叉、扶琵琶頭尾
　　（※不管怎麼轉，琵琶正面都向觀眾）

→向左轉一圈回正、右腳放在左膝、左手接過琵琶頸向左側上舉

→琵琶放在平伸的左手上、右手輕托琵琶尾、向右轉一圈；琵琶上舉、轉
　　兩圈

→右手接過琵琶頸、在身後、向右上舉，左膝抬高、左「反彈琵琶手」、臉

　　向左

→右手拿琵琶頭先向左再向右下畫半圓、右腳向右後抬、左手背放腰後

→右腳向左走　琵琶頭向右轉一圈向左　琵琶放腹前、右手向下輪指、左
　腳尖點、換成右腳尖點，琵琶定位停住

→左腳抬向右走、右手向上輪指、臉看右第二方位；抬右腳、右手向下輪
　指、臉看左第八方位——左右各做兩次

　　（＊這裡的「輪指」都是從「小指」開始）

→→

2011.5.6、13

〈禮敬三寶〉分三部分：手勢多而難〔註66〕、（咒語的部分）較簡單、撒花

禮敬三寶

志心信禮　佛陀耶兩足尊　三覺圓萬德具天人　調御師唵啞吽　凡聖大慈
父

從眞界騰應質　悲化普　豎窮三際時橫徧十方處　震法雷鳴法鼓廣演

權實教唵啞吽　大開方便路　若歸依能消滅消滅地獄苦

志心信禮　達摩耶離欲尊　寶藏收玉函軸結集　於西域唵啞吽　翻譯傳東
土

祖師宏賢哲判成章疏　三乘分頓漸五教定宗趣　鬼神欽龍天護導迷

標月指唵啞吽除熱眞甘露　若歸依能消滅消滅餓鬼苦

志心信禮　僧伽耶眾中尊　五德師六和侶利生　爲事業唵啞吽　宏法是家
務

避囂塵常宴坐寂靜處　遮身服毳衣充腹採薪薇　鉢降龍錫解虎法燈

常徧照唵啞吽　祖印相傳付　若歸依能消滅消滅　傍生苦

六供養　唵薩哩幹荅塔　葛達薩叭哩呪囉　巴囉諦捺耶莎～～訶～～唵
～～（雲集）

唵薩哩幹荅塔　葛達薩叭哩呪囉～～唵　幹資囉布思必啞～～吽唵～
～（花）

唵薩哩幹荅塔　葛達薩叭哩呪囉～～唵　幹資囉度必啞～～吽唵～～
（香）

〔註66〕徐師曰：「任何看似難的動作拆開就不難、多練習。」

唵薩哩幹荅塔　　萵達薩叭哩吼囉～～唵　　幹資囉啞嚕吉啞～～吽唵～
～（燈）

唵薩哩幹荅塔　　萵達薩叭哩吼囉～～唵　　幹資囉干底啞～～吽唵～～
（塗）

唵薩哩幹荅塔　　萵達薩叭哩吼囉～～唵　　幹資囉你微的啞～～吽唵～
～（果）

唵薩哩幹荅塔　　萵達薩叭哩吼囉～～唵　　幹資囉捨不荅　布捌彌萵
薩謨的囉　斯發囉納三麻耶啞吽～～唵～～（樂）

唵　幹資囉看支曳～～囉納囉納不囉囉納　不囉囉納　三不囉囉納　三不
囉囉納薩哩幹　字荅赤的囉　不囉捌哩達　麻曷不囉　尼牙巴囉　篾荅那
達速巴微　薩哩幹　塔哩麻　紇哩達耶　傘多沙納　萵哩吽～～吽發吒莎
訶

吉祥偈
最上三寶　願晝吉祥夜吉祥　晝夜六時恆吉祥　一切時中吉祥者　願諸上
師哀攝受
最上三寶　願晝吉祥夜吉祥　晝夜六時恆吉祥　一切時中吉祥者　願諸三
寶哀攝受
最上三寶　願晝吉祥夜吉祥　晝夜六時恆吉祥　一切時中吉祥者　願諸護
法常擁護

※師曰：這一首舞「手勢」很多，動作又多，只要學會了，其他都不覺得
　難了。

前奏

背對觀眾，微蹲（右腳在前、左腳在後），合掌向前伸直朝第五方位
→合掌收至胸前再上舉、右腳收回、向前斜點再跨向身後回到第一方位、
　靠在左腳旁

（第一段）
志心
上合掌、移到左胸左合掌、右腳跨在左膝、微蹲
信禮

右腳跨過左腳左　轉一圈回正面向第一方位

佛陀耶兩足尊

雙膝向外打開蹲下、雙掌向下、中指碰地、摸臉頰、合掌、起身、收腳併攏

三覺圓　　　　　　　　萬德具　　　　　　　　天人

①手捏前三指、左放胸前、右平放畫出 180°、右腳跟著跨出再收回放左膝、②右手變向上用力撐開、③再至左胸前合掌

調御師唵哑吽

④向左轉身面向第五方位、變相對「孔雀手」（捏拇指、食指）、半蹲

凡聖大慈父

⑤轉身回到第一方位、雙手由胳肢窩分別伸向右上、左平、手指用力撐開、右腳向左後左之「大脥步」、臉看左方第八方位

※1.2.3.4.5.連續 5 個動作

　　從眞界　騰應質

右手指向前伸張畫半圓、右腳跟向前點、踏回、向後踏 180°、左腳跨過右腳後再 180°又回到正面，連做兩次，而手同時在頭後撐開手指。

　　　　悲化普

向右踏一步、左膝微蹲、雙手在頭上　由大拇指開始張開「輪指」

豎窮　　　　　　　　三際時

雙手直接向左　手背相對、再向右　手心相對（左換右時快動作）

橫徧十方處

右腳跨到左腳左前側　右腳跟抬　推左臀　翹三指　左手伸向第八位　右手在腮前　臉看左

腳換重心　變左腳跟抬　推右臀　翹三指　左手在腮前　右手伸向第八位　臉看右

（右邊換到左邊時快動作）

　震法雷　鳴法鼓　　　　　　　廣演

左腳尖跨到右腳右前　佛手向右掏出　左腳向左一步胸前合掌推出第八方位　右腳向後抬高

權實教唵哑吽　大開方便路

腳右左右　右腳尖跨到左腳左前　佛手向左掏出　右腳向右一步　胸前合

掌推出第二方位　左腳向後抬高

若歸依能消滅消滅地獄苦

左腳放到右腳後　連續轉兩圈　坐下（左腳向後伸直、右腳屈膝向前）、左腳跨過右膝站起來轉一圈

（第二段）

志心信禮　達摩耶離欲尊

回到前面的印度舞姿　雙膝打開蹲下　雙手中指碰地、摸臉、合掌、站起身

寶藏收

①上合掌、佛手向肩兩側下　左手幾乎碰到同時抬起的左腳背（腳抬不高沒關係　繃腳　腳背盡量伸直）

玉函軸　　　　　　　　　　　　　　　　　結集

②（大樹）上合掌、左腳掌放在右膝內側③左腳尖放到右腳右前、左手佛手放胸前、右手仍在上方伸直、向後（不要擋住臉，以免觀眾看不到）

1.2.3.連續 3 個快速動作

※這一首有別於民族舞腳放後面，常有腳放前面的動作。

於西域　唵啞吽

（快動作）蹺屁股　身向左　左手上右手下荷花開　身向右　右手上左手下荷花開

翻譯傳東土

佛手右手近腮　左手向左延伸　右腳跨到第五方位　向左連續轉兩圈回到第一方位，變成反彈琵琶手（左手上、右手向右延伸）、左腳向右第二方位抬

祖師宏　賢哲判　成章疏

身體彎向右側、右腳跨過左腳使向左移動兩大步、雙手則跟著從胳肢窩　向右兩次外伸出；

右腳再向後踏一步、左膝上舉、雙手向上變「鹿角」、

三乘分　頓漸　五教定宗趣

左腳向左一步放下，雙手（蝶姿？）從左、上、轉半圈到右、身體跟著右傾，右腳跟當重心、腳尖向上、右腳掌踏地、左腳向左後一步、右腳跨過

左腳轉一圈身體朝向第三方位、左腳向後第七方位延伸、轉彎時手變胸前合掌、身體長高（勿駝背）

鬼神欽　龍天護　導迷

左腳向左放下　兩膝向左右打開半蹲雙手相對（左右手的拇、食、中指貼住相對　無名、小指翹高　吹笛手？！）彎在胸前

右手畫半圓向右打開時腳跟立、收回時腳跟放下（頭跟著向右看再回正面）換左邊

左手畫半圓向左打開時腳跟立、收回時腳跟放下（頭跟著向左看再回正面）

※要收腹、提肛　才不會受傷

※此為印度舞的動作

標月指　唵啞吽　除熱真甘露

（快動作、各一拍）站起、左手上舉、右手張開向前收回、右腳跟向前點一步立刻收回、兩腳上抬兩次、同時張開的右手掌向胸揮舞兩次（拇指靠近胸口）此為印度舞的動作

若歸依　能消滅　消滅　餓鬼苦

兩手劍指在胸前各互為上下兩拍　右腳跟向前點再收回

腳向右「花梆步」（向跳芭蕾舞）雙手攤掌由腹前向兩側再向頭上交叉

腳向左移動

志心　信禮　僧伽耶眾中尊

回到前面的印度舞姿　雙膝打開蹲下　雙手中指碰地、摸臉、合掌、站起身？

五德師　六和侶　利生　為事業　唵啞吽

宏法是家務

避囂塵　常宴坐　寂靜處遮身　服毳衣　充腹　採薪薇　鉢降龍　錫解虎

法燈　常徧照唵啞吽　祖印相傳付　若歸依　能消滅消滅　傍生苦

六供養　唵薩哩斡荅塔　葛達薩叭哩呧囉　　巴囉諦拶耶莎～～訶～～唵～～（雲集）

唵薩哩斡荅塔　　葛達薩叭哩呧囉～～唵　　斡資囉布思必啞～～吽唵～～（花）

唵薩哩幹荅塔　　葛達薩叭哩呱囉～～唵　　幹資囉度必啞～～吽唵～～
（香）

唵薩哩幹荅塔　　葛達薩叭哩呱囉～～唵　　幹資囉啞嚕吉啞～～吽唵～
～（燈）

唵薩哩幹荅塔　　葛達薩叭哩呱囉～～唵　　幹資囉干底啞～～吽唵～～
（塗）

唵薩哩幹荅塔　　葛達薩叭哩呱囉～～唵　　幹資囉你微的啞～～吽唵～
～（果）

唵薩哩幹荅塔　　葛達薩叭哩呱囉～～唵　　幹資囉捨不荅　布捌彌葛
薩謨的囉　斯發囉納三麻耶啞吽～～唵～～（樂）

唵　幹資囉看支曳～～囉納囉納不囉囉納　不囉囉納　三不囉囉納　三不
囉囉納薩哩幹　字荅赤的囉　不囉捌哩達　麻曷不囉　尼牙巴囉　篋荅那
達速巴微　薩哩幹　塔哩麻　紀哩達耶　傘多沙納　葛哩吽～～吽發吒莎
詞

吉祥偈

最上三寶　願晝吉祥夜吉祥　晝夜六時恆吉祥　一切時中吉祥者　願諸上
師哀攝受

最上三寶　願晝吉祥夜吉祥　晝夜六時恆吉祥　一切時中吉祥者　願諸三
寶哀攝受

最上三寶　願晝吉祥夜吉祥　晝夜六時恆吉祥　一切時中吉祥者　願諸護
法常擁護

小　結

　　關於敦煌抄寫本的零星舞譜，王小盾《唐代酒令藝術：關於敦煌舞譜、
早期文人詞及其文化背景的研究》提出「酒令舞譜」之説；黃徵所編的《敦
煌俗字典》似乎受王的影響，註解「按」是酒令舞譜。然而若從現今還風行
的划酒拳，或藉酒吟詩作詞的「雅令」傳統，回溯至周朝《詩經・小雅、賓
之初筵》後半段提到以「監」、「史」監酒，乃至演變成後世遊戲式的勸酒，
到了篤信佛教梁武帝時候的〈斷酒肉文〉，所辦的三皈五戒的法會，五戒之五
「不喝酒」，既然如此，為何到了盛行佛教的唐朝就變成勸酒，酒中的制約既

然存在於佛教、道教中的戒酒令，這個過程值得推敲，以舞譜中的用字而言，王小盾都解為酒令的動作，為何不能作為**純舞**（**純粹舞蹈**）的舞姿呢？因為從相對映襯的觀點來推論，以「招」與「搖」來說，一個是招呼對方前進，一個是拒絕對方前進；而「按」在《敦煌俗字典》解為酒令舞譜的動作，而除了文字學上的字形結構分析、訓詁學上的造詞，筆者根據所學的舞姿，拆解此舞譜用字為會意字，大膽推測是「反彈琵琶」的動作。

爰因絲路之暢通，導致「敦煌舞」的表演非但跨越歷朝歷代的間阻，更打破異國文化的隔閡，其兼容並蓄多元豐富的東西文化，包含諸如：中國古典舞以「圓」為主的思惟，可溯及《周易》太極圖與陰陽之說；印度婆羅門教、佛教之宗教舞蹈；西域活潑熱情之胡旋舞、胡騰舞、新疆舞、龜茲樂；今中東乃至地中海一帶等的民族舞蹈，既隱含中土道家養生與修煉的思想又充滿異國風情，卻能透過巧思之編舞而融合，精湛演出的靈魂人物莫如：以舞為修行法門之一的編舞者。

編導「敦煌舞」之翹楚前輩、任教於佛光山南屏敦煌舞團之舞蹈家徐玉珍老師，十多年來配合宗教活動、梵唄音樂而編導許多舞碼，為避免失傳，諸生開始攝錄並製作文字舞譜。因現存法國博物館之敦煌舞譜殘卷過於稀少，解讀不易，至今尚有待解之處，日本水源渭江從音樂背景鑽研，饒宗頤先生以為尚未完全破解舞譜之謎，國學大師季羨林呼籲文化藝術領域的學者鑽研，是以兩年來為徐師之作陸續留下文字舞譜，以傳承於後。

國學大師季羨林盛讚敦煌舞發展前途無量，他認為「要弘揚中華優秀文化，絕不能忘記敦煌文書，而在敦煌文書中，舞譜又佔有特殊的地位，敦煌舞譜的研究出版，將會促進敦煌學的研究。」〔註67〕

值得深思的是，繼歷代舞蹈動作與舞碼演出的表演記錄之後，有關於物譜中的用字所可能潛藏的用法，或許並不一定是高難度的動作，或許並不只是與酒令有關，或許表演工作者未必鑽研文字，如同民間劇場中的劇作家未必是文字學家，只是借用某些漢字來表示動作的符號，當許多學者找許多資料來考究、鑽研時，許多舞者只是順著身體的律動，行雲流水的編出順承的動作，順理成章、道法自然的方式，不但好看而且好記，為觀眾而言，可能是賞心悅目，也可能比較容易感動，或許看似與生活類似的動作，在編舞者對照經變圖或生活故事、經驗，融入的肢體語言，反而顯得自在又從容。

〔註67〕董錫玖編：《敦煌舞蹈》，〈後記〉，（新疆：新疆美術攝影，1992年），頁158。

第三章　敦煌舞姿取自佛教石窟藝術

敦煌舞姿取自佛教石窟藝術，石窟藝術中有豐富的經變圖、造像雕塑，例如下表之舉隅：

年代洞窟編號	經變名稱（圖、雕塑造像）	經變內容、舞姿	《敦煌藝術圖典》〔註1〕頁碼
中唐112窟南壁東側	觀音經變	演奏伎樂天們（右為箜篌、琵琶、笙、羯鼓；左為法螺、豎笛、篳篥、拍板），有的仰望、有的俯視；時而轉動身體眺望他處；在統一中求極變化的姿態，不僅生動且自然。	頁405、412
	金剛經變	反彈琵琶	
晚唐156窟南壁西側	思益梵天問經變	反彈琵琶	頁462
初唐220窟北壁	藥師經變	胡旋舞	頁278～279
初唐220窟南壁	阿彌陀淨土變相		
中唐159窟南壁中央	觀音經變		頁266～267
初唐217窟	觀音經變	「柘枝舞」，手持長帶，急速回旋。	頁317
中唐112窟北壁西側	報恩經變	舞者「抱拳」	頁411
初唐203窟西壁龕北側上	維摩詰經變	文殊師利	《敦煌彩塑》〔註2〕頁2

〔註1〕林保堯編集：《敦煌藝術圖典》，臺北市：藝術家出版社，2005.1.15。

〔註2〕《中國美術全集・繪畫編15・敦煌壁畫（下）》，北市：錦繡，1989.9。

初唐 203 窟 西壁龕南側上		維摩詰（不成比例，凸顯主角）	頁 3
初唐 220 窟 東壁南側		維摩詰	頁 18
初唐 220 窟 東壁北側		文殊師利	頁 19
初唐 321 窟 西壁龕頂南側	經變圖	飛天	頁 33
盛唐 45 窟 西壁龕內北側	雕塑站姿、推胯	中尊佛坐像右側	《敦煌藝術圖典》 〔註 3〕頁 344
盛唐 384 窟 西壁龕內南側		供養菩薩	頁 378
盛唐 320 窟 西壁南側		菩薩	頁 367
盛唐	千像塔庫藏	供養菩薩	《敦煌彩塑》 〔註 4〕頁碼
			頁 112、113
初唐（618～712） 57 窟	西壁龕內南側	供養菩薩	《敦煌彩塑》 〔註 5〕頁碼
375 窟	南壁下層	（一群）女供養人	頁 6
321 窟	西壁龕頂南側	（一群）供養菩薩	頁 34
329 窟	東壁南側說法圖下	女供養人	頁 32
	東壁南側下	供養牛車	

第一節　敦煌石窟經變圖

　　莫高窟內至今仍保存許多經變壁畫，「經變」是莫高窟壁畫的主體，佔有最大的面積和數量。

　　敦煌石窟經變圖中有許多繪有舞蹈場面，例如所附又圖是莫高窟第 98 窟唐代的〈華嚴經變〉，呈現佛國聽經聞法的情況。〔註 6〕而現藏倫敦博物館的

〔註 3〕林保堯編集：《敦煌藝術圖典》，臺北市：藝術家出版社，2005.1.15。
〔註 4〕《中國美術全集·雕塑編 7·敦煌彩塑》，臺北市：錦繡，1989.5。
〔註 5〕《中國美術全集·繪畫編 15·敦煌壁畫（下）》，臺北市：錦繡，1989.9。
〔註 6〕圖片來源：《敦煌石窟全集》，〈舞蹈畫卷〉〔C〕，敦煌研究院，香港：商務印書館，1999。

編號 S5643（見附錄），舞者長袖善舞，反映出唐代的歌舞實況。以圖畫記錄舞蹈動作、舞蹈全場表演的停格，也是一種記錄舞譜的方法。

筆者雖未曾深入敦煌石窟內考察，但根據已出版的石窟經變、造像雕塑等圖文集，壁畫的部分例如以林保堯編集《敦煌藝術圖典》〔註7〕略作歸納：

中唐 112 窟 南壁東側	觀音經變	演奏伎樂天們（右為箜篌、琵琶、笙、羯鼓；左為法螺、豎笛、篳篥、拍板），有的仰望、有的俯視；時而轉動身體眺望他處；在統一中求極變化的姿態，不僅生動且自然。	頁 405、412
	金剛經變	反彈琵琶	
晚唐 156 窟 南壁西側	思益梵天問經變	反彈琵琶	頁 462
初唐 220 窟北壁	藥師經變	胡旋舞	頁 278～279
初唐 220 窟南壁	阿彌陀淨土變相		頁 266～267
中唐 159 窟 南壁中央	觀音經變		
初唐 217 窟	觀音經變	「柘枝舞」，手持長帶，急速回旋。	頁 317
中唐 112 窟 北壁西側	報恩經變	舞者「抱拳」	頁 411
盛唐 45 窟 西壁龕內北側	雕塑站姿、推胯	中尊佛坐像右側	頁 344
盛唐 384 窟 西壁龕內南側		供養菩薩	頁 378
盛唐 320 窟 西壁南側		菩薩	頁 367

有意思的是，其中 220 窟中同時有東方與西方淨土變，顯見乃依據《藥師經》所敘，念「藥師佛」亦可往生西方極樂世界所描繪。

如果以敦煌文物研究所編：《敦煌的藝術寶藏》「壁畫」〔註8〕，整理的表格如下：

〔註7〕林保堯編集：《敦煌藝術圖典》，臺北市：藝術家出版社，2005.1.15。
〔註8〕敦煌文物研究所編：《敦煌的藝術寶藏》，文物出版社，1982.9。

形　象	朝代	石窟編號	姿　態　特　徵
飛天	北魏	257	
飛天	唐	158	似潛入水中，腳在上
天宮伎樂	西魏	288	
天宮伎樂	北魏	435	
舞樂	唐	320	
伎樂供養	唐	159	
伎樂	唐	445	
舞樂	唐	320	
舞樂	唐	112	反彈琵琶
對舞	唐	220	相對而舞
菩薩	唐	199、14	
思惟菩薩	唐	71、148	
供養菩薩	唐	57、220	托腮
供養菩薩	西魏	285	
供養菩薩	北魏	431	
供養侍女	唐	17	
聽法菩薩	唐	158	徐師所編之基礎「坐姿」起始時，似仿之
土蕃贊普聽法	唐	159	
普賢菩薩	唐	159	
大勢至菩薩	唐	196	
力士	唐	112	
嫁娶	唐	445	
看經弟子	唐	201	
張議潮出行圖	唐	156	
樹下彈箏	唐	85	
屠房	唐	85	
于闐國王	五代	98	

舞樂	五代	98	
射鹿	五代	98	
北族王	五代	146	
文殊變	五代	220	
伎樂天	北宋	431	
于闐公主	北宋	61	
大佛光寺	北宋	61	
大建安寺	北宋	61	
行旅	北宋	61	
男供養人	西夏	409	
熾盛光佛	西夏	61	
羅漢	西夏	97	
四菩薩（姿態不同）	西夏	328	站姿 S 形 1. 雙手捧物 2. 佛手對腕（左上右下） 3. 頭歪、右手提，左手身側 4. 左手提，右手推至約臍前
歡喜金剛	元	465	
千手千眼觀音		3	
吉祥天		3	
婆藪仙〔註9〕		3	

〔註 9〕敦煌研究院：〈敦煌畫中的尼乾子與婆藪仙〉，2010.04.06。
　　　北朝至唐初佛教造像中常可在佛座下兩側見到一組對稱出現的執崔外道、持骷髏外道，一般稱之為婆藪仙、鹿頭梵志。敦煌壁畫始見於北魏254窟（約5世紀末），最晚的是初唐329窟（約7世紀中葉），一共畫有30組，敦煌以外地區的石窟、造像碑中也大量存在，有20多組。
　　　《增一阿含經》卷20、《五分律》卷20等佛經記載外道鹿頭梵志曾與佛在墓地討論骷髏問題，大意是：一次，釋迦帶鹿頭梵志至一墓地，共同分析五個骷髏，判定男女、死亡原因、治療方法、死後往生之處等，五人死後分別往生地獄、畜生、餓鬼、人道、天生等五趣（五道，佛教還有一種六道的說法，則是加上阿修羅道），鹿頭梵志一一知曉，但最後佛示以羅漢骷髏而鹿頭梵志不能判定羅漢往生何處，於是佛向他解釋佛教能斷輪迴，勸其「快修梵行，亦無有人知汝所趣向處。」所以此持骷髏外道就是鹿頭梵志。佛教通過這個故事來體現佛陀的智慧超群。

「彩塑」

形　象	朝代	石窟編號	姿　態　特　徵
交腳彌勒	北魏	254、275	
佛	北魏	248、259、260	
思惟菩薩	北魏	257	
菩薩	北魏	248、432	
影塑〔註10〕供養菩薩	北魏	248	
迦葉	北魏	439	
菩薩	北周	290	
影塑羽人	北周		
菩薩	隋	204、206、244、419、420、427	204 合掌站姿（掌約於膻中穴）420 有鬍子
阿難	隋	419、427、420	
迦葉	隋	419	
力士、天王、地神	隋	427	
天王	唐	46、196、322	46 已腐朽322 右手立掌左手持某物推出
迦葉	唐	45、159、220	
菩薩、阿難	唐	45、328、384	菩薩坐在蓮花座上，左腳單盤，右腳向下伸直
菩薩	唐	145、194、196、197、205、320	196 有鬍子
佛	唐	59、159、328	159 站姿推跨 S 型，左手下垂蓮花指，右手朽了一半，約掌心向上。328 雙盤、有畫鬍子
供養菩薩	唐	27、328、384	嘴形波浪狀328 胡跪（右跪左立，右手掌心向上，左手立掌）
舍利佛	唐	46	
大佛	唐	130	赤足

〔註10〕敦煌研究院收藏，Z0688 號，影塑供養菩薩像，2008.07.21。
在莫高窟早期中心柱窟內，中心柱四面龕上部有附屬性的供養菩薩、飛天、伎樂等像，其形式介於高浮雕與淺浮雕之間，稱之為影塑。

臥佛	唐	158	
地神	唐	384	
力士	唐	194	陽剛的 S 型 凸大眼、嘴開、肌肉男
天王、菩薩	五代	261	
金剛力士	北宋	55	
供養天女	西夏	491	

又如《中國石窟・敦煌莫高窟》（三）（初唐──盛唐）〔註11〕：

內容或形象	石窟編號
菩薩	57、204、323
供養菩薩	209
女供養人	375 初唐
女供養人與牛車	329
思惟菩薩	57
脅侍菩薩	57
說法圖	57、209、220、322、329、335
天王彩塑	322
迦葉	320
彌勒經變	329、341
彌勒上升經變	338
阿彌陀經變	220、321、329、372
藥師經變	220
維摩詰經變、文殊菩薩、天女、化菩薩	220、334
逾城出家、乘象入胎	375
法華經變	321、331
飛天、供養天、十一面觀音	321
勞度叉鬥聖變〔註12〕	335

〔註11〕敦煌文物研究所編：《中國石窟・敦煌莫高窟》（三）（初唐──盛唐），文物
　　　　出版社，1982.9。
〔註12〕布本巨畫，《晚唐・勞度叉鬥聖變》表現的是佛法無邊，招安異教的故事。

以上幾個整理的表格是根據一些出版的石窟經變圖、雕像、彩塑作的部分整理，在下一章中要爲 220 窟作詳細的探究。

一、經變壁畫

（一）經變

所謂「經變」，經是「佛經」，變是「變相」或「變現（形象化）」的意思。「經變圖」就是佛經的圖像。〔註13〕

印度佛經流傳到中國，〔註14〕即使透過漢譯，原典精深如何弘傳使普於貴族乃至於民間？僧侶爲了講經佈道，從而發展出深入淺出的方式，稱爲「經變」。

「經變」或透過再翻譯使佛經成爲通俗化的讀本而產生「變文」；或透過說唱藝術而有「寶卷、彈詞」；或透過繪畫、壁畫即「經變圖」，其中敦煌石窟壁畫中的變相圖，西方淨土變最多，藥師淨土變居二，彌勒淨土變第三。〔註15〕宣傳佛教經文教義最主要的藝術形式是「變文」和「變相」。「變文」是敦煌藏書中的說唱文學作品，向僧俗衍述佛經故事的一種文體。「變相」是用具體的形象描繪佛經故事的雕塑及繪畫。〔註16〕

舍衛國大臣要請釋迦牟尼講經，而國王卻不是佛教徒，偏要支持與釋迦牟尼不同道的勢力來對抗。於是，釋迦牟尼的大弟子舍利弗與反對勢力的代表勞度叉經過六輪鬥法。最終，舍利弗取得勝利，反對勢力剃度從佛。場景龐大，細部豐富，華美絢目。《晚唐·勞度叉鬥聖變》是張大千臨摹莫高窟壁畫的第二階段，即 1942 年春天以後的作品。

〔註13〕李濤：《佛教與佛教藝術》，（臺北市：水牛，1992.6.1），頁 246。
〔註14〕記者馮國、段博：〈專家認爲：佛教傳入中國內地最遲應在秦始皇時代〉，新華網 2009.05.09 16:33:21。
佛教傳入中國的時間，學術界多數認爲是在東漢明帝時期（西元 67 年）。皇帝詔書、佛典東傳與佛寺建立，是學者們判定佛教在漢明帝時傳入中國的主要依據。但陝西省考古研究院研究員韓偉發表，《佛教傳入中國應在秦始皇時代》一文中，認爲「司馬遷，《史記》中有秦始皇『禁不得祠』的明確記載，它與『明星出西方』等國家大事相提並論。從語言學上看，『不得』就是『佛陀』的音譯，『不得祠』就是佛寺。秦始皇下令禁止佛寺，足見佛教在當時社會的普及。因此，我們應把佛教傳入中國內地的時間修正爲秦始皇時代。」
〔註15〕賴傳鑑編著：《佛像藝術：東方思想與造形》，（臺北市：藝術家，1980.8.20），頁 130。
〔註16〕何山：《西域文化與敦煌藝術》，（湖南：湖南美術，1990 年 2 月），頁 358～359。

（二）經變圖

李濤把莫高窟的壁畫歸納為五類：經變、本生故事、尊像圖、供養人像、圖案裝飾。〔註17〕

在弘揚佛法、傳播佛經的過程中，僧人使用許多方式接引信徒，有的以文學的小說、戲劇形式；有的透過彈詞、寶卷講唱的方式；有的書於畫卷；有的刻畫在石壁上。以今天的術語而言，就是運用「多媒體」來弘揚佛法，藉由不同的媒材，使社會上各行各業、各年齡層的人都有機會接觸佛法。

壁畫經變題材中有很多取自佛教經典，例如：「西方淨土變、東方藥師變、彌勒變、法華經變、維摩經變、天請問經變、金剛經變、報恩經變、華嚴經變、牢度叉鬥聖變、本行經變、降魔變、涅槃變、金光明經變、楞伽經變、陀羅尼經變」等等。其中最多的是「西方淨土變」，達一百二十多壁。變裡面又分「品」，每一品都包含一個完整的故事。

石窟內早期的絢麗壁畫，主要是佛菩薩像和佛傳故事、本生故事畫。壁畫的主要內容是「形象化的佛教思想」，如早期洞窟中的各種「本生」、「佛傳」故事畫，中晚期洞窟中的「經變畫」和「佛教史跡畫」等。〔註18〕

除了表現佛教經典的內容，石窟經變壁畫的背景中常有插圖，描繪當時社會的一些生活，例如：「中國古代狩獵、耕作、紡織、交通、作戰，以及房屋建築、音樂舞蹈、婚喪嫁娶」等生產活動。

人物部分，壁畫中有不同的人物形象，尤其是「供養人（出資人）」的畫像，保留了歷代各族人民的衣冠服飾資料。在各個時代的故事畫、經變畫中，所描繪的亭臺、樓閣、寺塔、宮殿、院落、城池、橋樑和現存的五座唐宋木結構窟簷，已成為研究中國古代建築珍貴的資料。〔註19〕

（三）變文

經變壁畫所繪的內容根據「變文」。

唐朝盛行的佛教「變文」，將深奧難懂的經文翻譯成語體文，有的再變成通俗的「講唱文學」，呈現方式有：邊講經文邊演唱，或在講經之前先將經文翻譯成通俗詞句唱出。有的法師唱誦悅耳，因此吸引許多聽眾進而成為

〔註17〕李濤：《佛教與佛教藝術》，頁246。
〔註18〕李濤：《佛教與佛教藝術》，頁246～247。
〔註19〕李濤：《佛教與佛教藝術》，（臺北市：水牛，1992.6.1），頁246～247。

信徒。

「變文」豐富了中國文學的大海，也接引許多文人乃至百姓學佛，而在印度佛學融入中國漫長的過程中，中文的成語與生活用語其實已包含許多佛經翻譯的內容，例如：「不二法門」、「天花亂墜」、「七情六欲」、「唯我獨尊」、「醍醐灌頂」、「當頭棒喝」等。

「變文」，自中國漢代以來，是傳播佛法教化的方便法門，既開啟講唱文學的創作，也促使佛法普遍流通，因為翻譯成中文的佛經，名相（原文術語、專有名稱）深奧玄妙，就是出家人或知識分子，若要研讀佛經也要費許多年的訓練，才能稍微領略，更何況若要接引一般百姓成為信徒，非經過「變文」的轉介，如何引導普羅大眾「深入經藏，智慧如海」〔註 20〕？「變文」以通俗的語彙文詞，表達深入淺出的佛理，使社會各階層的人都能從中受益。

（四）「變文」與「變相」的傳布

在「變文」與「變相」發展的過程中，佛教的文學與藝術，對於佛法的傳播，扮演了影響世道人心的角色，例如：呼應中國儒家一向注重的孝道。

在敦煌石窟手卷中，有〈舜子至孝變文〉、〈大目犍連冥間救母變文〉（目連救母）：

目犍連，是佛陀座下的十大弟子之一，有「神通第一」之稱譽。《佛說盂蘭盆經》中記載，目犍連之母，生前作惡，不信佛法，甚至毀謗佛法，死後墮入餓鬼道。目犍連為報母恩，以天眼觀母因「針咽」（咽喉很小）無法進食，而顯「神通」要拿食物給母親吃，但未送入口食物就變成火炭。目犍連請教佛陀，原來是因為「神通」不敵「業力」，佛陀開示救脫之道：

「母親罪業深重，目犍連一人的能力有限，必須藉助眾僧威德之力，可在七月十五日『供僧道糧』〔註 21〕，以此功德超脫母親罪業，進而救拔脫離餓鬼道」。後來果然因此母親得度超生。〔註 22〕

〔註20〕〈三皈依〉：「自皈依佛，當願眾生　體解大道，發無上心；自皈依法，當願眾生　深入經藏智慧如海；自皈依僧，當願眾生　統理大眾一切無礙。」

〔註21〕「供僧道糧」，每年四月十五日起的三個月為僧眾結夏安居，七月十五日為圓滿日，可以在當日準備各種美味飲食或臥具供養僧眾，仗此功德必使「現在父母壽命百年無病，無一切苦惱之患，乃至七世父母離餓鬼苦，得生人天中，福樂無極。」此為佛門中孝道月的由來。

〔註22〕摘錄自曉雲法師：〈佛教變相之美育傳播〉，《佛教藝術講話》，（臺北市：原泉，

「佛經變相」，擷取佛經中的義理來作畫，將佛經內容的意義、所提及的人和事相，給予形象，繪形繪色，寫成之畫，簡稱「經變」、又稱為「變相」。敦煌的壁畫中有許多佛經變相，從北魏、南北朝、隋、唐、宋，從一千五百多年前到九世紀，至今世界各國著名的博物館都收藏陳列敦煌壁畫。如「法華變」、「涅槃變」、「淨土變」。例如：

「淨土變」將淨土經中描寫的西方極樂世界畫出來；

「天女散華」，取自於《摩訶般若波羅蜜經第九卷散華品‧維摩詰經》，描述佛陀說法時、說法後，皆有天雨妙華，乃因妙法的宣揚，天人歡喜讚歎之妙供。〔註23〕

「涅槃變」，「佛受純陀獻供」，內容為拘尸那城，貧窮工役等十五人，以純陀為首，捧微薄之供品，詣佛所：「偏袒右肩，右膝著地，合掌問佛，悲感流淚，頂禮佛足，而白佛言：唯願世尊及比丘僧，哀受我等最後供養，為度無量諸眾生故，世尊我等從今無主無親無救無護無趣，貧窮飢困，欲從如來求將來食，唯願哀受我等微供。」佛陀以不受飲食之身將般涅槃，但仍表示接受純陀之供，可顯示世尊慈悲無量，當世尊表示應供時，經文：「善哉！善哉！我今為汝除斷貧窮，無上法雨，雨汝身田，令生法芽，汝今於我欲求壽命色力安樂無礙辯才，我今當施汝常命色力，令無辯礙」。世尊受純陀之供，純為哀憐貧窮孤陋，非為飲食故。〔註24〕

「變文」和「變相」的表現方式不同，但用意都是令人易於明了佛法。

由於「變文」和「變相」的興起，在中國佛教的發展與宣揚，自然更能普及大眾。據說吳道子作〈地獄變〉，令看見的人不作惡業、屠罟之夫改業。因知佛經變相比變文之普及更為方便，即使不識字的人，見了圖畫便懂得畫中的意思。〔註25〕

1994.7），頁 63～66。

因為佛教四月十五到七月十五是印度的雨季，這三個月出家人不出門化緣，只是自己用功、打坐、誦經，是謂「結夏安居」，直到七月十五出關。眾僧因修行三個月而功力高強。

〔註23〕曉雲法師：〈佛教變相之美育傳播〉，《佛教藝術講話》，（臺北市：原泉，1994.7），頁 85。

〔註24〕曉雲法師：〈佛教變相之美育傳播〉，《佛教藝術講話》，（臺北市：原泉，1994.7），頁 85～86。

〔註25〕曉雲法師：〈佛教變相之美育傳播〉，《佛教藝術講話》，（臺北市：原泉，1994.7），頁 87。

二、敦煌壁畫式舞蹈

高金榮認為「敦煌舞」全名應為「敦煌壁畫式舞蹈」。〔註26〕而壁畫涵蓋彩塑，彩塑包含雕塑及影塑（浮雕）。現存石窟壁畫繪有樂舞內容的例如：

新疆庫車（古代龜茲）〔註27〕克茲爾石窟壁畫「樂舞圖」留下「蘇莫遮舞」，舞者有男有女，形式有「獨舞」、「雙人舞」、「群舞」。舞者身體俯仰與傾斜的角度很大，全身可以自由扭轉，其中以手部變化最迷人，有：「彎曲五指、輕彈指間、手掌上揚或折反」。兩腳大多行進或跳躍，常見「前踏步、提舉步、交叉腿」。道具以錦帶、長巾、樂器為多。〔註28〕這些手部、腳步、道具現在多融會運用在「敦煌舞」的表演中，其中較受矚目者有：「S型三道彎」的身形、「反彈琵琶」的舞姿。

現在表演的敦煌舞姿，多取自佛教藝術之石窟經變圖。當今舞者編「敦煌舞」從有限的靜態敦煌石窟壁畫（「經變圖」）、彩塑（彩色雕塑），臨摹諸佛菩薩、天人、供養人等動靜形象，採擷提煉為單一定格的舞蹈語彙（例如：「S型三道彎」、「反彈琵琶」），再連貫動態的肢體語言，並靈活運用身韻八大元素「提、沉、衝、靠、含、腆、移、旁提」為基礎，兼顧調和「呼吸」，搭配流傳至今的中國古樂或新編佛教音樂，組成舉止優雅、柔中帶剛的舞容篇章，最後編導成眾多的新舞碼，例如：馳名遐邇的「飛天」、「千手觀音」。

其中，供養佛菩薩講經說法的「天人」（天宮伎樂、飛天、伎樂天、力士／藥叉）；反映當時供養人（貴族、信徒）的社會生活、風俗習尚。〔註29〕以佛像開鑿初期魏晉南北朝的北涼而言，壁畫中的天人、供養人就有胡人深目、高鼻的特徵，有的壁畫把飛天、伎樂天的膚色塗黑，很明顯就是受到來自印度的影響，印度位屬南亞，種族膚色偏黑；但越接近南朝的時代，不論是雕像或壁畫中的天人或供養人就逐漸出現南方文人秀氣斯文的風采；而到了盛

〔註26〕 高金榮：〈古老舞蹈的新生命——洞窟裡的舞蹈傳奇〉，《表演藝術》第20期，1994.6。

〔註27〕 《大唐西域記》稱「屈支國」，見於〔唐〕玄奘：《大唐西域記》，（臺北市：商周，2005），卷一，頁11。

〔註28〕 李玉岷、林保堯、顏娟英：《寫給大家的佛教美術》，（臺北市：臺灣東華，1992年），頁162。

〔註29〕 參見董錫玖：《敦煌舞蹈》〈敦煌壁畫中的舞蹈藝術——「絲綢之路」上的樂舞之一〉，（新疆：新疆美術攝影，1992年），頁7～12。

唐氣象雍容華貴，風格就更明顯的不同，供養人中不乏達官貴人與貴婦，臉頰、身材豐腴，穿金戴玉，連帶的所供養的天人、諸佛菩薩身披華貴的纓絡、袈裟、天衣、飄帶無不精心考究繪製，連壁畫中的舞者所著的舞衣、彩帶，似乎也極盡奢華之能事，一方面彰顯供養人的財力之雄厚，一方面也顯現盛唐國力強盛。

高金榮自 1979 年起，從數百個自北涼以來的壁畫、彩塑的「靜止亮相」、「瞬間動作」提煉敦煌舞「手、眼、步、身法」的基本動作，並打破朝代界限、不同人物的區別（菩薩、仙女、蓮花童子、金剛力士），系統整理歷朝風格氣質上的演變，歸納出「從靜變回動」的規律，凸顯敦煌舞姿的特色，進而組織動作的「起承轉合」編成一齣齣的舞碼。相關資料請參考高金榮《敦煌舞教程》〔註 30〕。

如同瑜珈、太極拳、中國民族舞蹈等的訓練，敦煌舞非常重視「調和呼吸」，深沉的呼吸形成敦煌舞的特殊韻律，呼吸的訓練分爲：「坐式、跪式、站式」，並配合「八大元素」：「提（吸氣）、沉（吐氣）、衝、靠、含（胸）、腆、移、旁提」一起練習。

（一）三道彎

東方的舞姿造型多爲「三道彎」，膠州秧歌舞（魯東半島近膠州灣一帶）、印度婆羅門多舞爲前傾「三道彎」，緬甸舞蹈爲前後傾「三道彎」，日本舞蹈爲後傾「三道彎」，印度尼西亞巴里舞蹈爲橫傾「三道彎」。〔註 31〕東方舞蹈講究曲線美、對襯美，西方舞蹈講究直線美和不對襯美，這當然是相對而言的。西方芭蕾及歐洲土風舞，不論造型還是動作，皆爲直線走向。〔註 32〕

「敦煌舞」「三道彎」的姿勢有別於中國傳統古典舞要求動作要「圓」（平圓、立圓、字圓），其最鮮明的獨特風格是「出胯擺腰」、「擰身坐胯」，〔註 33〕使身軀呈「S 形」三道彎，此身型呈明顯的稜角受到西域以西等地的影響（至今在羅浮宮的維納斯雕像雖然殘缺，但仍可看出刻有明顯的 S 型）。「S 型」三

〔註 30〕 高金榮：《敦煌舞教程＝Training course of dunhuang dance》，上海市：上海音樂，2002。

〔註 31〕 于平：《舞蹈欣賞》，（臺北市：五南，2002.5），頁 95。

〔註 32〕 于海燕：〈世界舞蹈文化圈縱橫談〉，《舞蹈欣賞》，1990（3），頁 18～24。

〔註 33〕 馬翶：〈試論唐樂舞元素在當代古典舞中的應用〉，《齊魯藝苑》，2008 年第 4 期。

道彎體態主要由移動「肋、胯、膝」形成,「衝身、出胯、歪頭」的三位體式,形成西域風格 S 型的柔曼。〔註34〕正 S 和反 S 合成一個「8」,敦煌舞姿走「8」的舞步、舞台上的八個方位可以說和八卦有關。

(二)走8

敦煌舞姿取自佛教經變壁畫,表現佛法普度眾生,然而敦煌石窟經變圖已融合中印文化。中國藝術源於史籍中之舊石器、新石器時代,傳說上古庖犧氏之觀天地鳥獸之畫八卦,以及「河馬出圖」,這是中國繪畫史上象徵性的開始。〔註35〕八卦源於《易經》的太極圖,太極生兩儀,兩儀即陰陽魚,陰中有陽,陽中有陰,二儀生四象,陰陽對轉。

《易・繫辭傳上》:「一陰一陽之謂道。」

《易傳》:「易有太極,是生兩儀。兩儀生四象,四象生八卦。」

《易・繫辭下》:「古者包義氏之王天下也,仰則觀象於天,俯則觀法於地,觀鳥獸之文與地之宜,近取諸身,遠取諸物,於是始作八卦,以通神之德,以類萬物之情。」

《易經・說卦傳》:「天地定位,山澤通氣,雷風相薄,水火不相射,八卦相錯,數往者順,知來者逆,是故易逆數也。」

「八卦」包含「乾為天、坤為地、艮為山、兌為澤、震為雷、巽為風、坎為水、離為火。」以地理方位而言,先天八卦、後天八卦分處:東、西、南、北、東南、東北、西北、西南,八個方位。

民間關於八卦的運用無所不在,從祈禱風調雨順、國泰民安到民間生活的避邪,例如:迎娶新娘用的米篩上繪有八卦,許多人家的大門、路衝的店家門楣上掛有八卦鏡。運用於軍事上的顯例,見於歷史小說《三國演義》中的諸葛亮,盛唐杜甫〈八陣圖〉,詠嘆諸葛亮卓越的軍事奇才,雖然壯志未酬留下不完滿的遺憾,其創建的彪炳功業「八陣圖」,至今仍在夔州,留給無法望其項背的後人憑弔。夔州「八陣圖」,又名武侯陣圖由「天、地、風、雲、龍、虎、鳥、蛇」八種陣勢組成,分「水八陣」與「旱八陣」,是諸葛亮創造的軍事操練圖。

〔註34〕 高金榮:〈古老舞蹈的新生命──洞窟裡的舞蹈傳奇〉,《表演藝術》第 20 期,1994.6。

〔註35〕 曉雲法師:〈佛教變相之美育傳播〉,《佛教藝術講話》,(臺北市:原泉,1994.7),頁 131。

1. 舞台走位

敦煌舞不論是單人舞或群舞的碼，在教學排練與或記譜的時候，都會根據現代舞台上的位置稱呼「第一、二、三、四、五、六、七、八」方位，也就是「北、東北、東、東南、南、西南、西、西北」的地理方位。

在第二節〈敦煌舞譜〉曾提到拉邦舞譜把舞台切成八個區塊，以方便舞者定位，這樣的方式至今敦煌舞也運用之。

臺灣佛光山各分別院的敦煌舞發展為例，每年舉辦多次大型的法會（例如：新春祈福遊行、年度禪淨密共修、聯合宗教祈福、佛陀紀念館落成、中元普渡地藏法會），所舞的〈禮敬三寶〉、〈六供養〉取自於《瑜伽焰口施食要集》，裏頭有一段「禮五方佛」，禮拜東西南北中五個方位的諸佛菩薩，光臨壇場護持眾生。

表演《六供養》中的〈禮五方佛〉出自《瑜伽焰口施食要集》的這段舞碼，若溯及原典就是內文所提到的「北俱盧州、東勝神洲、南贍部洲、西牛賀洲」，這是東西方位的共通點。切成八區的形式與八卦方位具有共通性，運用八卦方位與五個方向的編舞，在唐朝有三篇〈舞中成八卦賦〉的記錄〔註36〕，至今還保留在山東民間的道教「八卦鼓舞」。

〔註36〕〔清〕陳元龍輯：《歷代賦匯》中收有唐代三篇〈舞中成八卦賦〉，作者分別是張存則、白行簡、錢眾仲〈舞中成八卦賦〉，記載運用八卦方位比德說的舞蹈。
　　〔清〕陳元龍輯：《歷代賦匯》，（北京市：北京圖書館，1999），頁 165～166。
　　張存則〈舞中成八卦賦〉以中和所制盛德斯陳為韻：
　　樂之容，舞為則，導於情，崇於德。制其衣而五方咸備，頒其序而八卦不惑。然後體利貞而疾徐有度，法行健而循環不窮，數盈而剛柔匪雜，綴短而明德將融。初配六以迴旋，狀馬行於此；及變三而成列，如龍化其中。信乾坤之簡易，應金石之變通。於是步日而前，因風而舉，乘飄颻而婆娑雜遝，映照燭而長短合序。既順之而不卻，亦明之而有所。則離巽之不差，豈進退之無旅？則有應水之理，象木之規，疊若奔溜，散如繁絲。五色相宣，謂神龜初負；八音咸奏，知靈鳳來儀。震也坎也，何斯違斯？既以悅隨，企其遵令。象山而乍結乍凝，依澤而若遊若泳。狀巍巍之德，仰之彌高；節蕩蕩之音，於斯為盛。是知艮、兌之為美，故必隨而不競。
　　是故聖人窮樂之變，制舞惟新，效知來而藏往，故有要而有倫。非幹戚之前設，若鈞天之所陳。至若卿雲共臨，瑞日同霽，乍離乍合，若翔若滯。隨方辨色，非前代之舊章；應節成文，實我唐之新制。是知舞以適道無頗，樂以審政同和。觀象取則，異乎側弁峨峨。則斯舞也，實百代之不訛。
　　〔清〕陳元龍輯：《歷代賦匯》，（北京市：北京圖書館，1999），頁 166～168。
　　白行簡〈舞中成八卦賦〉以中和所制盛德斯陳為韻：

2. 八卦鼓舞

中國現存「八卦鼓舞」，保留在山東省棲霞市上林家村。「八卦鼓舞」，集鼓、舞於一體的綜合民間藝術形式，屬於道教文化的表演藝術。在舉行宗教儀式的過程中，需要鼓樂配合，於是便產生了「八卦鼓舞」。它的作用是祭祖、祈福、避邪等，這也是以農立國的百姓，祈求風調雨順的願望和理想，逐漸的，「八卦鼓」舞，從聖壇走下，之後流傳於民間。

舞隊在晚上或雨天排練，逢一些傳統節日便參加演出。七十歲的領隊林振全說：「八卦鼓舞」為男女對舞，特色為：「輕、飄、蹲、轉，步法、手勢、隊形都要求走 8 字。」舞者身穿繪有八卦的服裝，伴奏的樂師也身穿八卦道

卦惟體德，舞以象功，分其節於乾坤之位，列其畫於綴兆之中，相彼六爻，爰配數於六律；俾茲八體，俾叶義於八風。原夫乍合乍離，進旅退旅，參於縿而九變無撓，辨於位而五方有序。作既自於天心，用必在夫君所剛柔，斯別皆取象於負圖，俯仰可觀，各分行於曳緒爾。其舞既備位，亦陳贊陽和之啟蟄，助雷雨之解屯卦，始畫於庖犧當皇唐貞元之歲，易成列於宣父在盛祖中和之辰，度曲未終，變態無極，震艮以節其動止，離坎以分其南北，聞之者正性情而深和，觀之者守精微而不賊。繼虞韶之盡美，咄夏樂之愍德，徵其本、察其儀，成於巽而德風備矣。變為兌而盛澤在斯，近取諸身且表乎是則是傚大合乎樂，孰謂乎不識不知，矧夫作者既取諸身，演者必因於聖諒，曠代而莫覿實於斯而為盛其始也。取於卦而施諸人其終也，觀其妙而通乎政，是以契茲穆穆，異彼僬僬，象在於中，將致天地交泰，德形於外，以明保合太和。且夫周八佾而非美，漢五行而徒製，雖冠革秉翟於干戚之間，起索隱鈎深於天人之際，曷若容止合於象象幽賾，殊乎卜筮，客有欣千載之一時，歌聖功而獻藝。
〔清〕陳元龍輯：《歷代賦匯》，(北京市：北京圖書館，1999)，頁 168～170。
錢眾仲〈舞中成八卦賦〉以中和所制盛德斯陳為韻：
舞者樂之容，卦者象之則，故因舞以成卦，乃觀象以知德。八音是節，位必配乎八風；五方具陳，衣必表乎五色。是以德從之理也，功加有截，化洽無為，作樂以習舞，同文而共規，俾萬姓睹而悅服，百代勤而行斯。
懿其舞者員來，樂人攸敘，匏土革木分鳳設，六律五聲分具舉，初就列以修容，忽揚袂而進旅。體殊舜樂，九成徒辨其疾徐；跡類羲文，八卦自分其處所。行綴罔失，俯仰攸同，乾坤定而有倫有要，震兌分而自西自東，稟雷澤以浹洽，象天地之昭融，紛繪乎抑揚之際，輝煥乎節奏之中。進退相依，變易交映，艮巽布而若離若合，離坎峙而不譁不競。體山風之次序，葉水火之情性，周旋乎元武之間，繁會乎羽簫之盛。既而諧管磬，感神人，卦成列而不已，節有序而復頻。赴度應聲，倭鳳轉而龍翥；攢青拖紫，駭霞粲而錦新。翹搖分比大章而未匹，縹緲分異鈞天之下陳。
我後惟明，舊章爰制，以嗣以續，不陵不替。和樂且孺，每立象以化人；德音不忘，故體乾而稱帝。是知卦之設也。八方正，四序和，彼象功以明德，安可與茲舞而同科？

服，手拿笛子、蕭、笙、嗩吶、鼓、鐘、鐃、鈸、鐺、鈒、鈴、木魚等。

　　「八卦鼓」舞一般由 8 男、8 女組成，也有依 8 的倍數增加爲 24 個、32 個，甚至幾百人的大場面。它的步法配合八卦的八種「卦位」，以東西南北中「五個方向」爲定向。「卦位」和「定向」按照「八卦」中的陽剛陰柔、實虛、開合、大小、強弱、明暗等等，透過人體相對動作的動與靜、大與小、左與右、高與低、上與下等的映襯來表現舞蹈的韻律。

　　表演時，男隊員挎「八卦鼓」於腰前，右手持鼓槌，左手扶鼓。女隊員則雙手握圓形平頂古銅色傘舞蹈，其中鼓爲主、傘爲副。八卦鼓舞隊形變化則較爲簡單，一般常常出現的有「八條街」、「雙龍吐鬚」、「單串花」、「雙串花」等。在隊形變換中，都要以「圓」爲中心，左旋必右轉，轉要回「圓」，「圓」中見轉，這是「八卦鼓舞」極其鮮明的藝術特色。〔註37〕

　　從太極圓圖觀察兩條陰陽魚，將發現「S」爲陰陽中間的分格線，是以仍未脫離傳統「圓」的原則，若再加上左右對稱兩個 S，就可組合成一個「8」字，「8」水平放置就像個蝴蝶結，也是數學符號「∞」，無限的意思。而在先天八卦、後天八卦與〈河圖〉〈洛書〉的圖示中，陰氣 2468 走「S 形」、陽氣走「反 S 形」1357，合起來就是一個「8」，兩者也合成一個太極圓，「S」就是陰陽魚中間的分隔線，運用在舞姿上，動作小者有手指作出的「小五花」，中者有「雲手」、「抹手」，大者有「臥魚」、「風火輪」、「鷂子翻身」、「胡旋舞」、「千手觀音」、跑圓場等。

　　關於「8」的應用無所不在，八卦的八個方位圖和拉邦舞譜記錄的舞臺八個方位是一樣的，但名稱不同，而且八卦的文化意涵深厚，因爲由八卦衍伸的河圖、洛書，隨著氣動左旋1357、右旋2468，形成的S形與反S形，既與敦煌舞的「三道彎」動作相應，也與許多地區的舞蹈動作或西方雕塑如：羅浮宮「愛神維納斯」的 S 形相應，這是否暗示「曲線美」是不論東方或西方對藝術觀感美的共性；而 S 形加上反 S 正好寫一個「8」，或說舞一個「8」或畫一個「8」，這在中國民族舞蹈的舞姿「小舞花」、「雲手」、「風火輪」或京劇舞台走位、「跑圓場」都是走「8」，這個「8」可以立著寫當然也可以橫著寫，曲線的流動跑幾圈就代表跑很遠的路途，戲曲舞台上所謂「萬里江山三五步，千軍萬馬七八人」或「千里路途三五步，百萬軍兵六七人」。傳統戲

〔註37〕劉雪霞：〈山東棲霞市「八卦鼓舞」：申報第二批國家級非物質文化遺產〉，《煙臺晚報》，2007.7.2。

曲如京劇、歌仔戲、布袋戲的的做法都是如此。有意思的是,「8」橫著寫就是數學符號「∞」表示無限,無限大?無限小?不可計數,這個意義又和《阿彌陀經》裡頭註解「阿彌陀佛」的漢譯「無量光、無量壽」有關,「阿彌陀佛」在佛門常作為問候語、祝福語,「無量光、無量壽」表示「無限的時間、無限的空間」,祝福對方在無限的時空中有無限的祝福、無限美好的未來,成就無限的可能,度化無數的眾生。此外,不只是阿彌陀佛的四十八願,每一個眾生在成佛之前各發不同的大願,總合成無限多的善願,都可以利濟眾生。

第二節 從石窟經變圖中擷取的敦煌舞姿

敦煌舞姿所取材的壁畫主要來自石窟經變圖,經變圖取自變文。根據黃徵、張湧泉編著之《敦煌變文校注》收錄變文 86 種,其中佛經、佛教故事類變文 60 種,歷史故事、民間傳說類變文 20 種。可見佛教類變文在敦煌變文中佔有很大的比重。〔註38〕

敦煌莫高窟在至今尚存的 492 個洞窟裡,從北涼到元代一千年間,有各朝各代不同表現的飛天及音樂舞蹈。誠如畫家史葦湘所說:

> 佛教把樂舞形象放在各種經變的重要位置上,作為「禮讚佛陀」、
> 「莊嚴淨土」的象徵。〔註39〕

經變作為弘揚佛教的方便法門,透過變文、寶卷等講唱文學以及經變圖繪出佛經的內容作為媒介,成功地把佛經世俗化,使普羅大眾能夠深入淺出地認識佛教,進而運用佛法於日常生活中。其中以百姓生活藝術的樂舞作為禮讚佛陀,並引導信徒對於美好的未來——此生結束後要往生的淨土有所希冀,於是在此生持戒並行善,善有善報的來生是此生圓滿的寄托。

以下根據史氏的臨摹整理自北涼以降的石窟經變圖:〔註40〕

北涼 275 窟壁畫描繪琵琶、簫管伴隨悉達多太子「出遊四門」,北壁繪有供養人行列以一對飾以花纓的號角作為先導。272 窟西龕雕塑彌勒佛說法,窟

〔註38〕 參見陳秀蘭:《敦煌變文詞彙研究》,(成都:四川民族,2002),頁 3～4。

〔註39〕 史葦湘:〈天上人間 載月載舞〉,史敦宇、金洵繪:《敦煌舞樂線描集》,〈序〉,蘭州市:甘肅人民美術,2007。

〔註40〕 史葦湘:〈天上人間 載月載舞〉,史敦宇、金洵繪:《敦煌舞樂線描集》,〈序〉(1998.11.12),蘭州市:甘肅人民美術,2007。

頂四周彩繪「天官伎樂」演奏禮讚，飛天散花起舞。可見在莫高窟造窟之初，樂舞就是壁畫中的重要題材。

從北魏到北周（349～580 年）的 33 個洞窟中，音樂舞蹈已有多樣表現，中心塔柱窟、西壁——龕窟、西南北各壁開龕窟（如 285 窟）都以各種不同的形式安置樂舞。特別是中心塔柱窟各龕相對的四壁，上有「天官伎樂」演奏各種樂曲，下有在「十寶山間」調弄各種樂器，揮臂運腿演出各種舞蹈的力士。其中有成排成組的男性舞者挽臂跳蕩，或相互撲跌（288 窟、428 窟）翕口歌唱，正是《大智度論》卷九十三所言：「復有菩薩以天伎樂娛樂於佛，若佛塔廟，是菩薩或時以神通力故，作天伎樂，或作天王轉輪聖王伎樂，或作阿修羅神龍王等天伎樂供養，願我國中（西方淨土）常聞好音。」龍樹的經論所提到的各類伎樂都被繪在莫高窟早期的壁畫裡。北周的故事畫中逐漸出現世俗人的音樂形象，例如 296 窟「福田經變」、428 窟「須達拏本生」；290 窟「樹下群舞」以世俗人舞蹈供佛。

隋代雖短，造窟最多，經變圖以「伎樂飛天」為主，在佛像龕內菩提寶蓋兩側有數量不等的伎樂飛天彈琴、散花，歌讚佛陀，舞姿活潑，勝過前代。此時壁畫出現了世俗音樂，如 390 窟南壁，供養人行列後面有著名的供養樂隊。

唐初統一河西，發現地方樂舞多有古風，因此命名為「西涼伎」，「西涼伎」前身名為「秦漢樂」。《隋書‧音樂志》：「至（北魏）太武帝平河西，得沮渠蒙遜之伎，賓嘉大禮，皆雜用焉。此聲所興，蓋苻堅之末呂光出平西域，得胡戎之樂，因又改變，雜以秦聲，所謂秦漢樂也。」

這是說「秦漢樂」、「西涼伎」都是在本土文化的基礎上與外來樂舞相融合的產物。

初唐開始出現大型經變。凡有經變的壁畫，大都有樂舞供養的內容，其位置多在三尊說法的下方，中央鋪有錦闟舞筵，舞伎有獨舞或雙人舞，大多舒臂展肢，長帶飄舉，旋轉騰跳，姿態翩躚。在壁畫上雖是靜止形象，觀賞者卻能理解舞態的來龍去脈；與舞筵相對的兩側是兩組樂隊，或坐樂池，或據錦闟，各執箜篌、琵琶、箏、笛、簫、磬、鼓、貝、篳篥等樂器。莫高窟著名的 220 窟，見於唐初貞觀十六年（642），南壁畫「西方淨土」，北壁畫「七佛藥師經變」，兩幅壁畫一方均有大型樂舞，在樂隊中可以看到不同膚色的演奏者，以見唐初「西涼伎」吸收西方樂舞的情況。

　　盛唐時期的莫高窟壁畫更豐富多彩，由於「九品往生」之說盛行，148 窟淨土世界，畫出多組樂隊，並有樂池、舞榭、階梯、檻欄相連；445 窟經變的淨土世界，畫出離地面很高的樂台，台上各有笙、管、鐃、鼓、絲弦、拍板，相和相鳴。

　　吐蕃時代與晚唐的敦煌壁畫，由於建築形式的「佛堂化」，不僅經變內容增多，畫風、用筆、造型、設色都趨向地方化，這和吐蕃管轄時期河西路阻，交通不暢有關。這時候出現一**窟多變**，除淨土、藥師、觀音經經變外，報恩、金光明、金剛諸經變中也有樂舞的形象，鼓樂喧闐、舞姿迷目、有聲有色。

　　在後期敦煌壁畫中，**民間樂舞**的形象就逐漸豐富起來，張議潮統軍圖、宋國夫人出行圖（156 窟）、曹議金統軍圖、回鶻公主出行圖，都繪有當代著平民裝的樂舞。敦煌**佛教信仰**的世俗化，使許多經變的比喻形象也隨著世俗化，是以經變裡除了畫佛陀、菩薩，也畫入世俗人的信仰活動，〈維摩詰經變〉中繪有酒肆、〈彌勒經變〉中民間樂舞穿著和供養人同樣的服裝、〈劉薩訶因緣經變〉中繪有慶贊供佛的活動，經變畫中「民間樂舞」的熱烈氣氛並不亞於「淨土樂舞」，兩者呈現出共同的特點——

　　在敦煌壁畫所表現的天上、人間；此岸、彼岸，撥弄吹奏的都是同一種樂器，揮舞跳動的都是同一舞姿，據此留給後代研究音樂史、舞蹈史的專家脈絡線索——敦煌壁畫中天上、人間的樂舞，乃出於各時代音樂家、舞蹈家、畫家們根據生活見聞加上個人的藝術想像力所製成。

　　由此可見敦煌莫高窟的壁畫既是佛教的藝術產物，樂舞是為了供養佛陀，同時在娛人之餘，更凸顯宣揚淨土世界的主題，淨土是人們往生後可以到達的理想境地，只要如法如實的修行。那麼就宗教意義而言，龍樹提出幾個問答以釋眾疑：

> 以伎樂供佛，是何意歟？
>
> 諸佛賢聖是離欲人，則不須音樂歌舞，何以伎樂供養？答曰：諸佛雖於一切法中，心無所著；於世間法盡無所須。諸佛憐愍眾生，故出世應隨供養者，令隨願得福，故受。如以華、香供養，亦非佛所須，佛身常有妙香，諸天所不及，為利益眾生，故受。（龍樹《大智度論》卷九十三上）

諸佛菩薩早已到達最高果位，「心無所著」，對人世間琳瑯滿目、形形色色的

感官需求沒有欲望，當然不會想要也不需要看樂舞，樂舞的存在對他們而言可有可無，但「諸佛憐愍眾生」為了救度各式各樣的眾生廣開八萬四千方便的法門，以廣結善緣，其中之一就是接受供養人的樂舞（或華、香）等各式各樣的供養，給眾生方便植福田的機會，「令隨願得福」、「為利益眾生」。佛陀的慈悲在他的本生故事中多有記載，他累劫累世在六道中多次捨生救護眾生，敦煌壁畫中有佛陀過去世行菩薩道「捨身飼虎」、「割肉餵鷹」的故事。〔註41〕在釋迦牟尼佛這一世結束前還接受「純陀最後供」，佛陀為眾生設想直至涅槃，仍然不忍眾生，「但願眾生得離苦，不為自己求安樂。」佛陀就是這麼慈悲。〔註42〕

除了眾生以樂舞供養佛陀，出家眾亦然，弘一大師說：「出家諸眾，亦應以伎樂供佛歟？」，他引用《法華經方便品》說明：

> 音樂供養者，有出家內眾，音樂自隨，云供養者。自思己行，與何
> 心俱。雖有此文，必須裁擇，《梵網》誡制，何待固言。祗恐供養心
> 微，增己放逸，長他貪慢，敬想難成。〔註43〕

出家人也參與供養，這是為什麼呢？答案就是「祗恐供養心微，增己放逸，長他貪慢，敬想難成。」出家修行的常住，常常受到信徒的供養，然而修行是為弘傳佛教，言行威儀是信徒的表率，也要為信徒服務講經說法，可是出家時間一長恐怕會鬆懈怠惰，甚至因為受到信徒的擁戴而長養供高我慢之心（如同《水懺》所載悟達國師的經驗），若要堅持修行的決心與毅力，就要時常提起虔誠供養佛陀的心行以提醒自己更謙卑。

由此可見，音樂供養是弘傳佛法的方便法門，不分身份地位，不論在家眾或出家人，不分比丘、比丘尼；優婆塞、優婆夷；都喜歡賞心悅目的樂舞，樂舞既可以帶給眾生歡喜，也可以獻給佛陀，〔註44〕把美好的感官饗宴供奉

〔註41〕《菩薩本生鬘論》卷1（T03，p0332b）。

〔註42〕佛陀接受純陀供養有毒的蕈而腹瀉，吩咐不要再給其他比丘吃，之後佛陀涅槃。純陀也因佛陀接受他的供養而有得度的因緣福報。
陳士強：〈南傳《大般涅槃經》述略．第六誦品〉法第11期（總第171期），1998，頁18。

〔註43〕弘一大師：《藥師經析疑》，上海：《佛學半月刊》第九十期，《藥師如來專號》，1941。

〔註44〕把美好的東西敬獻給佛陀，例如，《瑜伽焰口施食要集》中的「六供養」：「香、花、燈、塗、果、樂」；又如，《梁皇寶懺》中的「十供養」：「香、花、燈、塗、果、茶、食、珠、寶、衣」。

給佛陀，表現虔誠的禮讚，恭敬地感恩佛陀指引通向幸福的修行。

以「樂舞供佛」、「娛神娛人」的傳統延續至今，敦煌舞蹈文化的發展也連帶著佛教思想的弘揚與流布；從敦煌壁畫靜態的形象到動態的敦煌舞姿，背景不論是西方極樂淨土、東方琉璃淨土或維摩詰居士和眾生所處充滿病苦的娑婆世界，都指引眾生修行的方向，只要皈依佛陀，專注修行，蓮花即使身處五濁惡世的汙泥之中，必經生老病死的磨練，期間有諸佛菩薩的庇佑，終能往生淨土、超脫六道輪迴，煩惱即菩提，火焰將轉為清涼自在。

敦煌壁畫中的變相圖，西方淨土變最多，藥師淨土變居二，彌勒淨土變第三。〔註45〕本章主要以初唐 220 窟為例，220 窟的壁畫，場面恢宏、色彩瑰麗、人物形象栩栩如生；220 窟下方畫有供養人像，壁畫的施主是敦煌世家大族翟奉達一家。——如此卓越的藝術成就反映出唐朝初年的開國氣象，胸懷博大、繁華富麗。

220 窟是莫高窟最重要的初唐洞窟之一，1943 年，將表層宋繪千佛剝離後，發現了保存完好的初唐壁畫，並在前壁和右壁發現兩個貞觀十六年（642）的墨書題記，是壁畫提確鑿的斷代依據。此窟為覆斗頂形窟，正壁（西壁）開一龕，左壁（南壁）畫《阿彌陀變》，右壁（北壁）畫《東方藥師變》，前壁（東壁）畫《維摩詰經變》。〔註46〕

筆者認為這是要給予觀者「過去、現在、未來」三世因果的教育：《維摩詰經變》以生病的維摩詰居士和文殊師利菩薩的對答代表「過去世」，《東方藥師變》代表「現在世」的眾生希求此生平安幸福快樂，《阿彌陀變》代表眾生對「未來世」的美好希冀。「過去、現在、未來」是不可分割、環環相扣、互為因果的過程，「欲知前世因，今生受者是；欲知來世果，今生作者是。」但「菩薩畏因，眾生畏果」，若沒有經過輪迴流轉的痛苦，又怎能體悟跳出輪迴的重要與迫切！

從石窟經變圖中擷取的靜態定格姿態，轉變為動態的敦煌舞姿。

舞蹈是時間與空間的藝術，臺灣敦煌舞始祖李天民以之為「追尋如何使美麗動人的靜止畫面，演變為動態的連續畫面」。〔註47〕席臻貫也說：「敦煌壁畫中的舞蹈描繪，儘管是在『空間』中發生，但它們對接受客體的效果，

〔註45〕賴傳鑑編著：《佛像藝術：東方思想與造形》，（臺北市：藝術家，1980.8.20），頁 130。

〔註46〕〈莫高窟 220 窟〉，《敦煌研究院》，2012.7.19。

〔註47〕李天民：〈在臺灣看敦煌舞蹈文化〉，《藝術學報》，1992 年 12 月。

卻是在『時間』中發生。」〔註 48〕也就是說，從表演與欣賞的觀點而言，儘管壁畫、彩塑是靜態的成品，「敦煌舞」無論再現古舞或創作新舞，呈演的就是「動態美」。

萊辛說「動態美，是一種稍縱即逝而令人百看不厭的美，它是飄來忽去的。因爲我們回憶一種動態比起回憶一種單純的形狀和顏色，一般要容易得多，也生動得多。」〔註 49〕

例如：敦煌舞的編導中常會出現「旋轉式」，數圈不等，類似唐代「胡旋舞」——節奏鮮明、活潑輕快、動作變化豐富、表情生動，充滿青春活力，連續多圈快節奏的旋動顯示了舞者的高超技藝。〔註 50〕——模擬天人騰空升降的自在優雅。〔註 51〕然而動態美並不全然以快速爲主，深受佛教、中土修練思想影響的敦煌舞，動中有靜，靜中有動。

一、西方淨土變中的「反彈琵琶」

（一）西方淨土變

「西方淨土變」最常被賞析的是初唐 220 窟，此外還有：初唐 45 窟北側東側「觀無量壽經變」〔註 52〕；初唐 71 窟北壁西側「阿彌陀經變」〔註 53〕；中唐 112 窟「觀無量壽經變」；盛唐第 217 窟「觀無量壽經變」，主尊是阿彌陀佛和四脇侍菩薩，背景是珍貴的建築群資料。〔註 54〕盛唐第 320 窟「觀無量壽經變」，中間畫「極樂世界」，兩側爲立軸式連環畫「未生怨」和「十六觀」〔註 55〕。上述西方淨土變中有些下方增畫九宮格式構圖的「九品往生」。

〔註 48〕 席臻貫：《古絲路音樂暨敦煌舞譜研究》，頁 95。

〔註 49〕 〔德〕萊辛：《拉奧孔》，（北京市：人民文學，1979 年），頁 196。

〔註 50〕 馬翱：〈試論唐樂舞元素在當代古典舞中的應用〉，《齊魯藝苑》，2008 年第 4 期。

〔註 51〕 例如：「2009 年 7 月 4 日高雄世運　萬宗一心」的表演中，由佛光山南屏別院敦煌舞團演出的〈禮敬三寶〉，便有一段飛天連續自轉 30 圈左右的舞姿。

〔註 52〕 《中國美術全集・繪畫編 15・敦煌壁畫（下）》，（北市：錦繡，1989.9），頁 57。

〔註 53〕 《中國美術全集・繪畫編 15・敦煌壁畫（下）》，（北市：錦繡，1989.9），頁 43。

〔註 54〕 217 窟北壁西側，觀無量壽經變局部。
《中國美術全集・繪畫編 15・敦煌壁畫（下）》，（北市：錦繡，1989.9），頁 51。

〔註 55〕 《觀無量壽經・正宗分》說：「韋提希夫人願生西方極樂世界，兼欲未來世之

　　初唐 220 窟左壁的「西方淨土變」，又稱「阿彌陀經變」，是根據《佛說阿彌陀經》畫成的西方極樂世界圖，在《阿彌陀經》中，娑婆世界的教主釋迦牟尼佛主動告訴弟子及大眾，有一位慈悲的「阿彌陀佛」和他的脇侍菩薩「觀世音菩薩、大勢至菩薩」合稱「西方三聖」，會接引眾生到極樂世界修行，因為極樂世界的教主阿彌陀佛，在因地修行時曾發下四十八願，要接引眾生離苦得樂，只要眾生發願、精進「念佛」都能得度，這就是提倡「念佛」法門的淨土宗。

　　經文和變相內容描述西方淨土是一個令凡人嚮往的極樂世界，當地以黃金、琉璃鋪地，七寶池、八功德水中九品蓮花朵朵綻開，生命從蓮花中化生。天空飄揚美麗的花雨，樂器在空中不鼓自鳴，天樂美聲繚繞。如此美好的世界沒有人間的苦惱，來此托生的眾生都有非凡的智慧，而且壽命永無止盡。

　　經變由上、中、下三部分組成；上為天空，中為水國，下為地面：

1. 下段地面，畫有七重欄楯，樓閣林立，金沙鋪地，琉璃合成。

　　（《阿彌陀經》：「極樂國土，七重欄楯，七重羅網，七重行樹，皆是四寶周匝圍繞，是故彼國名為極樂。」〔註56〕）

2. 中段畫出舞樂場面，伎樂天奏樂，飛天飛舞，鸚鵡、孔雀展翅踏節應弦而舞，演說微妙法音，如同《阿彌陀經》所述：

彼國常有種種奇妙雜色之鳥：白鶴、孔雀、鸚鵡、舍利、迦陵頻伽、共命之鳥。是諸眾鳥，晝夜六時，出和雅音。其音演暢五根、五力、七菩提分、八聖道分，如是等法。其土眾生，聞是音已，皆悉念佛、念法、念僧。

眾生往生，請佛世尊說其所修之法，故佛說此十六種之觀門：一、日想觀，正坐西向，諦觀落日，使心堅住，專想不移，見日將沒之狀，如懸鼓形，既見日已，閉目開目，皆令了了，此名日想觀。二、水想觀，次作水想，見水澄淨，亦使明了無分散之意，既作水想已，當作冰想，既見冰已，作琉璃想。此想成已，則見琉璃地內外映徹，是名水想觀。三、地想觀，四、寶樹觀，五、八功德水想觀，六、總想觀，七、華座想觀，八、像想觀，九、佛真身想觀，十、觀世音想觀，十一、大勢至想觀，十二、普想觀，十三、雜想觀，十四、上品上生觀，十五、中品中生觀，十六、下品下生觀。」

詳參《佛說觀無量壽經》，《淨土五經》，（臺北市：大乘精舍印經會，2003.1），頁 220～284。

〔註56〕《佛說阿彌陀經》，《佛光山宗務委員會課誦本》，（高雄：佛光出版社，2004.10），頁 2～14。

舍利弗。汝勿謂此鳥，實是罪報所生，所以者何？彼佛國土，無三惡道。舍利弗。其佛國土，尚無惡道之名，何況有實。是諸眾鳥，皆是阿彌陀佛，欲令法音宣流，變化所作。

舍利弗。彼佛國土，微風吹動諸寶行樹，及寶羅網，出微妙音，譬如百千種樂，同時俱作。聞是音者，自然皆生念佛、念法、念僧之心。〔註57〕

3. 上段畫出碧波蕩漾的七寶池水平臺上，西方三聖之教主阿彌陀佛端坐蓮臺，觀世音菩薩、大勢至菩薩脇侍左右，三聖背後經幢凌雲，背景梵宮高聳，色彩鮮麗，周圍還有許多聖眾環繞，嚴密而有主次有疏密地羅列。

《阿彌陀經》：「極樂國土，有七寶池，八功德水，充滿其中，池底純以金沙布地。四邊階道，金、銀、琉璃、玻璃合成。上有樓閣，亦以金、銀、琉璃、玻璃、硨磲、赤珠、瑪瑙而嚴飾之。池中蓮花大如車輪，青色青光、黃色黃光、赤色赤光、白色白光，微妙香潔。」〔註58〕）

〈西方淨土變〉根據《阿彌陀經》畫出往生善趣的美好世界，指引世間人思考未來的方向，也堅定學佛修行者的信念，應該也可能減少世間對於死亡的恐懼，因為如果此生福慧雙修，那麼往生之後會比現在的生活更好。

（二）敦煌舞譜用字「挼」之舞姿推論為「反彈琵琶」舞姿

1. 琵琶

葡萄美酒夜光杯，欲飲琵琶馬上催。醉臥沙場君莫笑，古來征戰幾人回。（唐代王翰〈涼州詞〉）

自秦、漢、三國、六朝至隋唐時期，「琵琶」一詞乃多種抱彈式撥弦樂器的總稱。以琵琶為樂器之名者，始見於東漢末劉熙《釋名・釋樂器》云：

枇杷本出胡中，馬上所鼓也。推手前曰枇，引手卻曰杷，象其鼓時，因以為名也。

根據劉熙所注，「枇」與「杷」原為彈奏「抱彈弦樂器」的二種手法，約至晉

〔註57〕　《佛說阿彌陀經》，《佛光山宗務委員會課誦本》，（高雄：佛光出版社，2004.10），頁2～14。

〔註58〕　《佛說阿彌陀經》，《佛光山宗務委員會課誦本》，（高雄：佛光出版社，2004.10），頁2～14。

代以後，方由「琴瑟」之屬聯繫至新創「琵琶」二字。自漢至唐，凡以「推手前曰枇，引手卻曰杷。」的抱彈樂器，統稱為「琵琶」。直至宋代，琵琶一詞才由廣義而狹義，用以專指「梨腹四弦之曲項琵琶」為主，而沿用至今。〔註59〕琵琶的音域廣，能剛能柔，音樂表現張力強，至今，在國樂演奏之中扮演重要地位。

　　唐代兼容並包各國文化，堪稱琵琶史上的全盛時期，唐詩中多有以琵琶入詩之作，王翰〈涼州詞〉、白居易〈琵琶行〉，最為膾炙人口。〈琵琶行〉乃白居易以琵琶抒情發緒之憑藉。白居易一生仕途多舛，起伏流蕩。〈琵琶行〉之成篇於憲宗元和十一年秋，居易因盜殺宰相武元衡於通衢，上疏請急捕賊，宰相以其官非諫職，惡其出位越權，乃奏貶江州刺史，中書舍人王涯上書，不宜治郡，乃得追貶為江州司馬。在此任上，因夜送客江頭渡口，聽聞水上船中有京都調琵琶聲，遂與琵琶女敘「同是天涯淪落人」之感慨，作是篇以抒胸臆。

　　琵琶女所彈奏之琵琶究竟為何種形式？秦琵琶乎？漢琵琶乎？曲項琵琶乎？陳昭銘認為是曲項多柱琵琶。此因，中國琵琶發展至隋唐時已是漢胡相爭，終而胡琵琶獨占鰲頭。白居易〈琵琶行〉詩文有證：

　　由「曲終收撥」一語可知琵琶女彈奏之琵琶乃以「撥子」撥弦，以撥彈奏者，唯「曲項琵琶」也。雖為「曲項琵琶」，然其持琴之姿勢為何？

　　琵琶之發展，由「橫抱」而至於「豎抱」，乃因「品柱」增加，演奏時換把方便之需要。

　　有學者以「猶抱琵琶半遮面」認為琵琶女所持為「豎抱琵琶」，陳昭銘認為是「橫抱琵琶」。因為以「撥」彈之，以撥彈者，則以橫抱時，手持撥子彈挑四絃，手腕轉動自然順暢，其上下轉動角度大而無所委屈，故能有「銀瓶乍破水漿迸，鐵騎突出刀槍鳴；曲終收撥當心畫，四絃一聲如裂帛。」之聲；若持撥豎抱而彈，則手腕轉動之角度小，將難以使力，其聲相較遜色。

2.琵琶指法

　　白居易〈琵琶行〉詩中描寫琵琶演奏手法豐富多樣，有「彈、挑、輪、搖、撚、分、掃、拂、吟、揉、推、拉、煞、打」等，可見琵琶音色之豐富。

〔註59〕陳昭銘：〈略談有關「琵琶行」的幾個問題〉，《國文天地》15 卷 2 期，1999（民國 88），頁 110～112。

　　輕攏慢撚抹復挑

攏：左手於品柱上對絃之推、拉動作，使原音調加高。

撚：即揉也，左手於品柱上按住絃而前後揉動之，使其音韻均勻。

抹：即彈也，右手持撥子由上而下畫弧以撥彈琴絃。

挑：右手持撥子由下而上畫弧以撥彈琴絃。

　　大弦嘈嘈如急雨，小弦切切如私語；

　　嘈嘈切切錯雜彈，大珠小珠落玉盤。

滾：手持撥子快速連續撥彈一條絃。

　　銀瓶乍破水漿迸，鐵騎突出刀槍鳴；

　　曲終收撥當心畫，四弦一聲如裂帛。

掃：撥子由上而下同時畫過四條絃。

拂：撥子由下而上同時畫過四條絃。

　　卻坐促絃絃轉急

促弦：將絃調高，以達轉調或移調之目的。〔註60〕

　　白居易〈琵琶行〉文辭典麗，從琵琶的形制、音韻的節奏，再到音樂其中所表現的內在精神，蘊含豐富。

3. 反彈琵琶舞姿

　　「反彈琵琶」是「敦煌舞」的招牌舞姿，附圖伎樂菩薩「反彈琵琶」出自 112 窟〔註61〕。中唐 112 窟《觀無量壽經變》中，「反彈琵琶」是備受矚目的敦煌舞姿，但「反彈琵琶」只是整幅經變圖中的一小部分。

　　整個 112 窟要體現的是：「西方極樂世界的淨土」，此乃阿彌陀佛的本願；經變圖背後的深義是：提倡簡便易行的「念佛法門」。

　　中國 1979 年電影《絲路花雨》編製一唐代的故事以說明「反彈琵琶」的由來。〔註62〕其實是後人想像「反彈琵琶」優美舞姿的創作因由。

〔註60〕參考：

陳昭銘：〈「琵琶行」中談琵琶〉，《中國文化月刊》第 240 期，2000（民國 89）.03，頁 1～19。

李時銘：〈白居易「琵琶行」中的演奏技法與音樂表現〉，《中華學苑》第 53 期，1999（民 88）.08，頁 33～54。

〔註61〕史敏：〈敦煌壁畫伎樂天舞蹈形象呈現研究——動靜中的三十六姿〉，北京舞蹈學院學報，2007 年 4 月。

〔註62〕周令飛：〈夢幻、狂想、奏鳴曲、中國大陸表演藝術 1949～1989〉，（臺北：時報文化，1992 年），頁 357。

依照秦澍的簡介：

《絲路花雨》全劇分六幕，以大唐盛世（618～907）為歷史背景，敦煌莫高窟藝術為文化背景，絲綢之路為地理背景。在人物塑造與角色扮演上，選了不是觀眾熟悉的才子佳人或帝王將相，而是生活中的平凡人。——敘述古絲綢之路上，中國畫匠神筆張在搭救波斯商人伊奴斯時，女兒英娘卻被強盜擄走，幾年後才找到淪為歌舞伎的女兒，伊奴斯為報答救命之恩，仗義疏財贖回英娘。父女團圓後，神筆張從英娘的舞姿得到啟發創作出「反彈琵琶伎樂天」，就是日後敦煌壁畫中的不朽名作。

《絲路花雨》，以唐代文獻史料與壁畫的舞姿作為底本，刻意仿古，例如「蓮花童子舞」根據唐陳暘《樂書》（卷 184）〈拓枝舞〉之形容：「衣帽施金鈴，變轉有聲。」童子舞者藏於蓮花中，花開而後見；劇中伎樂舞中的憑欄仙女們，則模擬唐窟藻井壁畫。

「反彈琵琶舞」的造型

《絲路花雨》第二場，神筆張為構思壁畫形象而苦思冥想，英娘為安慰父親跳起了「琵琶舞」，「**反彈、橫彈、側彈、背彈、蹲彈、臥彈**」等多變的「彈撥」獨舞。編舞者將彈琵琶的動作變形為「反、側、橫、背、蹲、臥」等步法造型，不拘一格，別致新穎，不求形似，講究神似，自然順暢，跳躍輕快，塑造英娘活潑淳樸、善解人意的性格，帶給觀眾強烈的視覺衝擊和審美享受。〔註63〕

「反彈琵琶」之後，中國古典舞出現新的編舞風格，原本戲曲舞蹈「演故事」的敘事語言、「擰、傾、圓、曲」的姿態造型，一變而為擬古又創新之作。〔註64〕

《絲路花雨》當時被譽為「中國民族舞劇的典範」，劇中不只演出敦煌舞，還融合了中國古典舞、印度舞、黑巾舞、波斯馬鈴舞、波斯酒舞、土耳其舞、盤上舞、新疆舞等。〔註65〕

許琪認為：「這些琳瑯滿目的畫面，顯示唐代封建社會相對穩定的條件上，南北中外的文化交流、大融合，廣挖博收，革新創造的藝術結晶。中國

〔註63〕參自謝艷春、屈塑潔：〈敦煌舞的審美特徵〉，《民族藝術研究》期刊論文，2005.3。

〔註64〕秦澍：〈集敦煌舞風之大成、開中國古典舞先河者——《絲路花雨》〉，《藝術欣賞》3 卷 4 期，2007 年 8 月。

〔註65〕《絲路花雨》DVD，中國西安電影製片廠，1982 年。

舞蹈藝術融合異國潮流的有益成分，而豐富和營養了本身，形成了從內容到形式迥異的新潮流派，顯示中華民族文化的生命力」。〔註66〕許琪點出了「敦煌舞」海納百川的器度，所以博探眾收各地區舞蹈精華，這樣的包容力其實也呼應盛唐泱泱大國的氣象。

4. 敦煌舞譜用字「挼」之舞姿推論為「反彈琵琶」

（1）「酒令」之外的考量：純舞

在推敲舞譜用字「挼」之舞姿之前，筆者要延續第二章討論過的舞譜問題，進而思考「舞譜闕漏與純舞的可能性」——現存敦煌舞的編導不出於舞譜殘卷，多採擷自石窟經變圖，經變圖既是弘揚佛法的方便法門，佛教徒受「五戒」〔註67〕之一即「不飲酒」，而佛教自梁武帝作〈斷酒肉文〉之後，從僧團到在家修行者都奉行素食；道教方面，從金元興盛至今仍流傳的全真道清修派也奉行素食，那麼留在唐代石窟經變圖中的舞蹈，到現存的舞譜殘卷，如果只被解讀成酒令舞譜的，應該只是冰山一角，筆者認為應尚有一大部分闕漏未被發掘，如果有幸被保存下來很可能在資料堆中錯置尚未被揀擇，因此可以相對思考的是：

如果零星舞譜脫離「酒令」之註解，純就舞姿而言，如何解讀？這可以從明清流傳至今的戲曲行當來借鏡，例如：在舞台上未必要有真的船、槳，透過小碎步、花梆步、搓步就可以表現移動，這是戲友欣賞戲曲的基本素養；而若是初入門的觀眾，一旦看不懂演員腳步的挪移是要表現船在水上行，或許可能產生其他飄逸的想像；同樣的，若純粹從肢體語言的連貫流動，來欣賞所謂的「酒令舞譜」，對不知是「酒令」為何物的觀眾而言，未必有相關解讀，更可能產生多元解讀，引發觀眾無以數計的翩躚想像，這又有關「接受美學」的討論，容後再申論。

若只從「敦煌舞譜殘卷」管窺敦煌舞的全貌，日本學者水源渭江採取音樂的角度切入，饒宗頤認為從現有的舞姿動作，高金融從敦煌石窟壁畫、彩塑整理一套基本舞姿，董錫玖對舞譜用字的解讀，許琪從舞蹈的體驗推測，王小盾提出「酒令舞譜」之說，寫了專書；《敦煌俗字典》似乎受王影響也註

〔註66〕許琪：〈試論敦煌壁畫舞蹈的動律特點〉，《1983年全國敦煌學術討論會文集：石窟藝術編（下）》，（蘭州：甘肅人民出版社，1987年），頁270。

〔註67〕佛教徒皈依之後過一段時間會受戒，先受「五戒」，之後進階再受「菩薩戒」。「五戒」包括：「不殺生、不偷盜、不邪淫、不妄語、不飲酒。」

解是酒令舞譜。然而若從現今還風行的，划酒拳，或藉酒吟詩作詞的「雅令」傳統，回溯至周朝《詩經・小雅、賓之初筵》後半段提到以「監」、「史」監酒，乃至演變成後世遊戲式的勸酒，到了篤信佛教梁武帝時候的〈斷酒肉文〉，所辦的三皈五戒的法會，五戒之五「不喝酒」，既然如此，爲何到了盛行佛教的唐朝就變成勸酒，酒中的制約既然存在於佛教、道教中的戒酒令，這個過程值得推敲，以舞譜中的用字而言，王小盾都解爲酒令的動作，爲何不能作爲純舞的舞姿呢？

（2）挼

從相對映襯的觀點來推論，以「招」與「搖」來說，一個是招呼對方前進，一個是拒絕對方前進；而「挼」在黃徵所編的《敦煌俗字典》解爲酒令舞譜的動作，而在現在的客家語中「挼」有常用詞「挼圓粄」。除了《說文》文字學上的字形結構分析、訓詁學上的造詞例如《漢語大字典》，筆者根據從學於徐玉珍編舞的邏輯性與音樂的「銜接」的舞姿，大膽推測是「反彈琵琶」的動作。

「挼」的字型可拆解爲：「女」的左邊及右上的「手」，舞姿就像「反彈琵琶手」。「手姿」若以左陽右陰而言，也形成對襯之美。「反彈琵琶」在敦煌莫高窟的石窟經變圖中時有所繪，附圖是第一一二窟《觀無量壽經變》、中唐時期的作品。想像一下，這張圖若從背後來看，確實如同「挼」字「左手」彎曲（握住琵琶頸），「右手」在頭上作彈撥琴弦狀。這張莫高窟 112 窟「反彈琵琶」的舞者特寫，或說伎樂天獨樹一幟的優美形象最引人入勝，也因此成爲敦煌舞的招牌動作。而這「反彈琵琶手」不只用於舞者表現一腳勾抬，雙手在頭冠背後反彈琵琶，事實上眞正的琵琶很重，正面彈奏都要抱著，白居易〈琵琶行〉有「猶抱琵琶半遮面」之說，但當表演敦煌舞時並不是用眞的琵琶跳舞，只是外型仿琵琶事實上重量減輕很多的道具琵琶，否則當大動作又跳又轉時是非常危險的。而有時候連道具都不用也可以用手比出「琵反彈琶手」，就是把左右五指先撐開，稍用力撐大中指和無名指之間的距離、小指出力靠近掌心，然後雙手肘微彎放在後腦杓頭冠之後，手一前一後，例如左手指接近左耳那麼右手就向右斜側延伸、右腳膝抬高停格，接著可以隨著腳或跳或停，左右手交替往左右斜側延伸，而腳也呼應手姿變化或暫停。至於暫停時不管是坐姿、跪姿或站姿，「反彈琵琶手」還可以變形爲「撒花」或「蓮花開」，這些手姿又可以配合「前衝」、「後靠」、「旁移」等身韻八大元素組合

變化，而變化的操控軸線通常是音樂的節奏或聲情。

　　「挼」在臺灣的閩南語和客家語仍是生活用語，《教育部臺灣閩南語常用詞辭典》：

　　　1. 働揉、搓。例：挼面巾　juê bīn-kin（搓揉毛巾）、挼目睭　juê bák-tsiu（揉眼睛）。

《教育部臺灣客家語常用詞辭典》：

　　　搓捏。例：挼粄圓（搓湯圓）。

閩、客辭典都有「搓」的意思。查詢《在線新華字典》也有「揉搓」【rub】的意思。《臺灣教育部重編國語辭典》「挼ㄋㄨㄛˊ」當動詞時也收有「搓揉、摩擦」的意思。如：「挼搓」。（唐・韓愈・讀東方朔雜事詩：「瞻相北斗柄，兩手自相挼。」清・洪昇・長生殿・第四齣：「驀然揭起鴛幃，星眼倦還挼。」）

　　另外還有「撫玩、玩弄。」的意思。（五代唐・薛昭蘊・小重山・春到長門春草青詞：「不勝情，手挼裙帶遶花行。」）

　　從「揉搓」到「撫玩、玩弄。」再連結到《在線新華字典》收有「挼」與舞蹈相關的用法（例如：「挼舞」：雙手交叉擺動。）「揉搓」、「撫玩、玩弄。」可以解讀爲手姿模擬彈撥琵琶琴弦的動作。

　　在「挼」收錄的「挼搓」中有兩個註解：

　　　1. 揉搓。宋・程大昌・演繁露・卷九・按字：「醫有按摩法，按者以手捏捼病處也，摩者，挼搓之也。」或作「挼挲」、「接搓」。

　　　2. 互相搓摩。宋・楊萬里・凍蠅詩：「隔窗偶見負暄蠅，雙腳挼挲弄曉晴。」亦作「接搓」。

第一個註解「揉搓」引用宋・程大昌・〈演繁露・卷九・按字〉：「醫有按摩法，按者以手捏捼病處也，摩者，挼搓之也。」令人聯想《藥師經》，藥師佛救度眾生「因病與藥」，因人而異的方式如同孔子的因材施教。

　　《漢語大辭典》〔註68〕挼1〔ru ㄖㄨㄛˊ〕〔《集韻》奴禾切，平戈，泥。〕

　　　1. 同「挼」。揉搓；摩挲。《晉書・劉毅傳》：「〔劉裕〕因挼五木久之……既而四子俱黑，其一子轉躍未定，裕厲聲喝之，即成盧焉。」北齊賈思勰《齊民要術・笨麴并酒》：「以麴末於甕中和之，挼令調勻。」唐韓愈《讀東方朔雜事》詩：「瞻相北斗柄，兩手自相挼。」

清洪昇《長生殿・春睡》：「驀然揭起駕幃，星眼倦還挼。」

2. 挼2〔su ㄙㄨㄟ〕

【挼曲子】謂隨節拍伴舞。

宋孟元老《東京夢華錄・宰執親王宗室百官入內上壽》：「每遇舞
者入場，則排立者叉手，舉左右肩，動足應拍，一齊群舞，謂之
『挼曲子』。」

而且《臺灣教育部重編國語辭典》又說：

「挼」又讀「ㄏㄨㄟ」，當名詞，「尸未食前的祭祀」（《儀禮・特牲
饋食禮》：「祝命挼祭。」鄭玄・注：「挼祭，祭神食也。」）

詞目有：

【挼祭】祭名。尸未食前之祭。《儀禮・特牲饋食禮》：「祝命挼祭。」
鄭玄注：「挼祭，祭神食也。《士虞禮》古文曰：『祝命佐食墮祭。』
《周禮》曰：『既祭則藏其墮。』墮與挼讀同耳。今文改挼皆爲綏。
古文此皆爲挼祭也。」胡培翬正義：「《禮經釋例》云：『凡尸未食前
之祭，謂之墮祭；又謂之挼祭。』」

詞目又有：

【挼舞】雙手交叉擺動。宋劉攽《中山詩話》：「唐人飲酒，以令爲
罰……大都欲以酒勸，故始言送，而繼承者辭之，搖首挼舞之屬，
皆卻之也。」

由上述《儀禮・特牲饋食禮》以下所引，可以連貫的是，「祭祀」禮儀中在祭
拜前有「挼祭」，祭品中包含牲禮、酒、以及以「舞」供神，然後「挼舞」與
酒令勸酒有關，應是祭拜完的人們（可能是同僚或親戚）聚會，以祭品爲飲
宴，一方面以酒令爲戲勸酒，一方面在貴族飲宴的場合中有舞者助興，舞蹈
動作有模仿勸酒、摩拳擦掌的動作（「挼莎」、「挼挲」、「挼搓」）〔註69〕，也

〔註69〕 【挼莎】亦作「挼挲」。

挼搓，搓摩。《禮記・曲禮上》「共飯不澤手」漢鄭玄注：「澤，謂挼莎也。」
唐元稹，《酬孝甫見贈》詩之三：「十歲荒狂任博徒，挼莎五木擲梟盧。」宋
楊萬里，《凍蠅》詩：「隔窗偶見負暄蠅，雙腳挼挲弄晚晴。」元邵亨貞，《沁
園春・目》詞：「困酣曾被鶯驚，強臨鏡、挼挲猶未醒。」明湯顯祖，《南柯
記・伏戎》：「黃頭赤腳瘦挼莎，牛鬥看成兩下。」清趙翼，《錢充齋遠餉永昌
麵作餅大嚼》詩：「挼挲彌蟪縫，按撒擴邊幅。」

【挼搓】搓搓。宋程大昌，《演繁露・按字》：「醫有按摩法。按者以手捏捺病
處也，摩者挼搓之也。」

有接受或拒謝的舞蹈動作，這樣類飲酒的表演，連結到敦煌舞姿的弘法功能，就有文化傳承與影響的意義了，漢朝《儀禮‧特牲饋食禮》既有「以舞供神」的情形，來到唐朝大盛的敦煌舞「以舞供佛」，不管是中華文化中的眾神信仰或來自印度的諸佛菩薩，都是是慈悲愛護眾生，因此人民也同樣以供品、舞樂祭拜眾神尊及諸佛菩薩。

附錄兩張「反彈琵琶」石窟壁畫，位在敦煌莫高窟第 112 窟南壁東側，屬於唐朝吐蕃時代，其中伎樂飛天以「反彈琵琶」的形象正在「按曲子」，彈奏的背景是樓閣，周邊有祥雲飛動、仙袂飄飄淩空飛翔。伯希和對於 112 窟的考察時明確指出了阿彌陀極樂世界的場面——畫面正中的伎樂飛天「反彈琵琶」，邊彈邊舞，舞姿優美出眾；兩邊伴奏的伎樂天手持橫笛、拍板、琵琶、古琴等各種樂器載歌載舞。

小　結

詞典中有數個以「按」為詞頭的詞語，可以看出「按」的動作「按搓」衍生的舞姿可能是「按莎」，或者以舞祭神的古老痕跡，顯然自古「巫」藉著舞與天神的溝通的動作之中，「按祭」應是紀錄部分「按舞」的重要歷史語彙。

從詞目、詞條資料中可以發現「按」都收有「揉搓」的意思，筆者認為從「揉搓」的動作演變為肢體語言的舞蹈動作「按舞」，雙手交叉擺動，融入到「以舞祭神」的儀式「按祭」這個詞彙。因此「按舞」的註解若只解為與「勸酒」或「卻酒」有關的「酒令舞譜」過於狹隘，「按」應只是記錄「按祭」的部分場景。

簡而言之，若單就字形來拆解「按」，符合六書「會意字」，一位「女」舞者，一隻「手」向外延伸，另一手在頭上比劃，最直覺的動作就是「反彈琵琶手」。

（三）順成人，逆成仙

關於「反彈琵琶」的舞姿，李天民認為：「反彈琵琶的姿勢不合於人體運動中的揮彈琵琶」，因為「不合於彈琵琶」的實情，但可以「做為一個變換連接的姿式」，而動作的設計應是只有「神仙可以彈出」。因為「東西方神話，把神都人性化，如希臘神話的神仙，也都亦人亦神」。〔註70〕

〔註70〕李天民：〈在臺灣看敦煌舞蹈文化〉，《藝術學報》，1992 年 12 月。

　　與李氏類似見解的周令飛認爲「敦煌藝術必然表現藝術家心理和生活情形。」也就是說「藝術作品的意義在於創造者的內心世界，而且構象能力比任何信仰內容（如：宗教概念等等）還要重要，創造情境是藝術的現實」。〔註71〕

　　周令飛的見解可以彌補因爲現存文獻既不足以說明動作姿態的由來，用現代的科技、現代人的想法也不見得能還原當初創作的始末，所以藝術的現實往往反映創作者當時的心境以及生活情境，於此亦可理解「想像」對創作的重要挹注。

　　上一節《絲路花語》電影敘述畫匠神筆張從女兒的舞姿創造「反彈琵琶伎樂天」的形象，周令飛認爲藝術家的想像力使然，李天民認爲只有神仙才會反著彈琵琶，李天民之說可以在道教陳摶老祖的「無極圖」〔註72〕所註解的「順成人，逆成仙」找到呼應。

　　陳摶老祖的「無極圖」（見附錄），分爲五個小圖，從上到下是「順則成人」，從下到上是「逆則成仙」。大部分的人生都是照著「順則成人」的順序，如下圖，這個順序由上而下有五個階段：

1. 無極圖：「無極」者，陰陽未分之前，天地未有之先，混混沌沌，無我無彼，此「先天之氣」也。

2. 陰陽圖：無極而太極，之後陰陽遂分；左邊離女，右邊坎男。

3. 五行圖：陰陽圖與五行圖之間「坎離交媾」。上圖左邊離卦溝通下圖右邊之金水；右邊坎卦，溝通下圖左邊之木火；此圖有「抽坎添離」、「陰陽互藏其精」之意。

　　再說「土」居當中，有通關作用，金水一家，木火一家，土即玄關，是陰陽互通之門，所謂「玄關一竅」。而火、水各劃一條線到下面與一圓形相接，此圓形是先天之氣；金化水、水涵木、木生火，一氣流通，然後水火互濟，陰陽相交，「水火既濟」之後化爲「先天之氣」。

4. 成男成女圖：先天之氣，成男成女。

5. 萬物生化圖：男女媾精，萬物化生。

　　道家的最高法則就是「道法自然」。

〔註71〕周令飛：〈夢幻、狂想、奏鳴曲、中國大陸表演藝術 1949～1989〉，頁 357。
〔註72〕李申、郭彧編：《周易圖說總匯》，（上海市：華東師範大學出版，2004.4），頁 848～849。

　　何謂「順」？就是《老子》四十二章所說：「道生一、一生二、二生三、三生萬物」這個過程，「道」始自虛無「一」氣、分化爲陰陽「二」氣、加上原始祖氣就是「三」位一體之氣、直至最後進化出「人」這一自然過程；

　　「逆」，自陳摶以後解釋爲：「煉精化氣，練氣化神，煉神還虛，煉虛合道。」何謂「精」「氣」「神」？

　　人是整個自然界運行的結果之一，就人身而言，「精」和「神」或稱「形和神」、「身和心」，彼此緊密聯繫。

　　中國從古至今將「精氣神」稱做人身三寶，「精」爲生命的基礎，「氣」爲生命的動力，「神」爲生命的主宰。

　　「精」，即精華，管子說：「精者，氣之精也。」所指概爲：營養物質、精卵；無論是人吃進去的醣類、脂類、蛋白質、纖維素，還是人體內的精和卵，與一般物質元素一樣，都是精華。

　　凡物之「精」皆爲「氣」的凝聚；「氣」聚則「神」足；「精氣神」三位一體，不可或缺；「精」和「神」都是「氣」的表現；「氣」是本質、最關鍵、最重要；因此，修道成仙者，無不練「氣」。亦即，無論是「順成人」還是「逆成仙」，都繞著「氣」而成，都以「氣」爲仲介、核心。以《河圖》《洛書》來解釋，內圈1、2、3、4、5是「氣」，外圈6、7、8、9、10是「形」，合起來就是「生『氣』成『形』」。

　　「氣」周遍於生活中，中醫最講究「氣」血通暢，所謂「不通則痛，通則不痛」，凡病之因皆爲「氣」不通，所以中醫治病，旨在「氣」通。中醫經典《黃帝內經》通篇「氣」字出現三千多次，《本草綱目》記載的固然是中藥，但所有中藥藥效都講究「行『氣』」。

　　至於「太極」，孔穎達註解爲「天地未分之前，元『氣』混而爲一。」〔註73〕如此看來，「太極拳」就是「氣拳」，應是「氣功」發展的分支之一，它的核心與武術一樣講究意到「氣」到力到。

〔註73〕孔穎達疏，《周易正義》〈第十一章　易有太極〉：
　　　　是故易有太極，是生兩儀。夫有必始於無，故太極生兩儀也。太極者，無稱之稱，不可得而名，取有之所極，況之太極者也。
　　　　〔疏〕正義曰：太極謂天地未分之前，元氣混而爲一，即是太初、太一也。故，《老子》云：「道生一。」即此太極是也。又謂混元既分，即有天地，故曰「太極生兩儀」，即，《老子》云：「一生二」也。不言天地而言兩儀者，指其物體，下與四象相對，故曰兩儀，謂兩體容儀也。

　　人從先天之氣接到後天一口氣，就從出生邁向死亡，看似一種順其自然的發展，但如果逆向死亡的路徑而反其道修行，那麼上圖的順序便是：

　　由下而上，5→4→3→2→1，就是道家養生所謂的「練精化氣，練氣化神，練神還虛，練虛合道」，後天之氣因著修練最後回到先天之氣也就成仙，而不會死了。

　　照這樣看來，凡人樂師手捧琵琶在身體前面彈奏就是「順成人」；伎樂天是神仙，不同於凡人樂師的彈奏方式，反其道而行「反彈琵琶」，可以說是象徵「逆成仙」。

　　「仙」所指即為「飛天」「伎樂天」，凡人仿造天女天人所舞的敦煌舞，所以也背著琵琶彈奏而舞，之後徒手也可作「反彈琵琶」手姿然後再變化出上下、左右、前衝後靠等各種姿態，例如：

　　跪姿「反彈琵琶」可作：右手後撥弦搭配左膝抬高，反方向便是左手後撥弦搭配右膝抬高；站姿「反彈琵琶」可加上左或右推胯，此又可形成頭、肩、腰「S」型三道彎的優美體態。

二、東方淨土變中的「旋轉」

（一）東方淨土變

　　莫高窟 220 窟右壁的〈藥師經變〉，乃根據《藥師琉璃光如來本願功德經》所繪，主尊是七身藥師佛，藥師佛是東方淨琉璃世界的教主，是治療眾生生老病死的大藥王。藥師佛有兩位脅侍菩薩，日光菩薩、月光菩薩〔註 74〕；還有十二藥叉神將，保護眾生免於苦難。〔註 75〕

　　〈藥師經變〉畫面以東方藥師淨土七佛為主體，八大菩薩侍立左右。

〔註74〕「於其國中，有二菩薩摩訶薩：一名日光遍照，二名月光遍照。是彼無量無數菩薩眾之上首，次補佛處，悉能持彼世尊藥師琉璃光如來正法寶藏。」《藥師琉璃光如來本願功德經》，（臺南市：和裕，2008），頁 19。

〔註75〕「爾時、眾中有十二藥叉大將，俱在會坐，所謂：宮毘羅大將，伐折羅大將，迷企羅大將，安底羅大將，頞你羅大將，珊底羅大將，因達羅大將，波夷羅大將，摩虎羅大將，真達羅大將，招杜羅大將，毘羯魔大將：此十二藥叉大將，一一各有七千藥叉，以為眷屬。同時舉聲白佛言：「世尊！我等今者蒙佛威力，得聞世尊藥師琉璃光如來名號，不復更有惡趣之怖。我等相率，皆同一心，乃至盡形歸佛法僧，誓當荷負一切有情，為作義利，饒益安樂。隨於何等村城國邑，空閑林中，若有流布此經，或復受持藥師琉璃光如來名號恭敬供養者，我等眷屬衛護是人，皆使解脫一切苦難，諸有願求悉令滿足。」《藥師琉璃光如來本願功德經》，（臺南市：和裕，2008），頁 75～79。

〔註 76〕水池中央的寶台，以紅藍兩色琉璃鋪成，富麗堂皇。〔註 77〕寶台的欄邊，有側身倚欄而坐的菩薩，手捧蓮花，合掌禮佛，水池中碧波蕩漾，蓮花盛開。〔註 78〕寶台兩側是神將和聖眾，神將上方是赤身三面六臂的阿修羅，下方是忿怒相的力士。畫中的神將，身著甲冑，頭戴寶冠，寶冠上飾以動物肖像，現在可辨的有蛇、兔、虎等動物，這是以十二動物生肖對應十二神將。七佛上空飛天翱翔，前臨曲池流泉。藥師佛前中原式燈樓和西域式燈輪並出，在「燈山火木」照耀下，展現出規模巨大的舞樂場面。兩側樂隊共有28 人，分坐在兩塊方毯下，樂人膚色各有不同，演奏著中原漢民族的樂器、西域少數民族的打擊樂、吹奏樂和從外國傳入的彈撥樂等共 15 種。兩組舞伎在燈火輝煌中翩翩起舞，一組展臂揮巾，絡髮飄揚，似在旋轉；一組舉臂提腳，縱橫騰踏，這是來自中亞的「胡旋舞」和「胡騰舞」。〔註 79〕

（二）「旋轉」的舞姿，以元白新題樂府「胡旋舞」等為例

「旋轉」是敦煌舞中常被運用的動作，在〈東方淨土變〉最受矚目的樂舞應是「胡旋舞」，「胡旋舞」來自西域康居（今中亞撒馬爾罕一帶），舞容充滿異國風情，最顯著的特色是連續快速旋轉，拆解之可分為在舞蹈剛開始的轉、轉得很快與快結束時放慢下來的「旋轉」，可以說具有基本、進階、高階等多變化的舞姿舞容。

隨著音樂的律動或間奏時，「旋轉」可以設計成自轉、互轉、或變換隊形的前導。「旋轉」在西方的芭蕾、土耳其的「康雅舞」（迴旋舞）、中國的民族

〔註 76〕 「若聞世尊藥師琉璃光如來名號，臨命終時，有八大菩薩，其名曰：『南無文殊師利菩薩，南無觀世音菩薩，南無得大勢菩薩，南無無盡意菩薩，南無寶檀華菩薩，南無藥王菩薩，南無藥上菩薩，南無彌勒菩薩。』是八大菩薩乘空而來，示其道路，即於彼界種種雜色眾寶華中，自然化生」。
《藥師琉璃光如來本願功德經》，（臺南市：和裕，2008），頁 34～35。

〔註 77〕 「琉璃為地，金繩界道，城、闕、宮、閣，軒、窗、羅網，皆七寶成；亦如西方極樂世界，功德莊嚴，等無差別。」
《藥師琉璃光如來本願功德經》，（臺南市：和裕，2008），頁 18～19。

〔註 78〕 「復次、曼殊室利！若有淨信男子女人，得聞藥師琉璃光如來應正等覺所有名號，聞已誦持。晨嚼齒木，澡漱清淨，以諸香花，燒香、塗香，作眾伎樂，供養形象。於此經典，若自書，若教人書，一心受持，聽聞其義。於彼法師，應修供養：一切所有資身之具，悉皆施與，勿令乏少。如是便蒙諸佛護念，所求願滿，乃至菩提。」
《藥師琉璃光如來本願功德經》，（臺南市：和裕，2008），頁 42。

〔註 79〕 史敦宇，金洵繪：《敦煌舞樂線描集》，（蘭州市：甘肅人民美術，2007），繪有「胡旋舞」的形象初唐莫高窟 220 窟（頁 86～88）、331 窟（頁 85）。

舞蹈中所見多有；而《全唐詩》中元稹、白居易創作的〈胡旋女〉，有許多關於「胡旋舞」（「旋轉」）舞姿的詳細摹寫。

　　元、白詩中敍述盛唐玄宗天寶年間「胡旋舞」蔚然成風，是當時流行的表演藝術。文學中關於樂舞的描寫溯源自《詩經》，已有「詩樂舞」三位一體的傳統〔註80〕，到了漢武帝設立「樂府」之後，廣泛採集民間歌謠；至宋代郭茂倩編纂《樂府詩集》就收有大量的舞曲歌辭。

　　在中國期刊網中，以「胡旋」為搜尋「主題」共出現 190 筆期刊論文，以「胡旋」為「關鍵詞」搜尋則有 111 筆期刊論文（1994～2012），作者多為專業舞者兼舞蹈教學者，顯見「胡旋舞」至今仍受舞蹈界重視。

　　元、白〈胡旋女〉「旋轉」舞詩的價值還在於見證中西文化交流，「胡旋」充滿異國情調的舞風——

　　白居易〈胡旋女〉詩云：「胡旋女，出康居。」題目下自註有言「天寶末，康居國獻之」〔註81〕。《新唐書・西域傳》記載唐代曾設置康居都督府。〔註82〕當時康國、史國、米國等都曾向宮裡進獻胡旋女。據載，康國「人嗜酒，好歌舞於道。」〔註83〕今人歐陽予倩註「康居」云「即今中亞細亞撒馬爾罕」〔註84〕。據清代學者魏源在《聖武記》中考證：「哈薩克左部遊牧逐水草，為古康居。」白居易所描繪的「胡旋舞」應是富有民族特色的哈薩克舞蹈。

　　元稹〈胡旋女〉詩題「和李校書新題樂府十二首：胡旋女（案：李傳云：「天寶中，西國來獻。」）西國之康居，《北史・西域列傳》載：

〔註80〕陳宜青：〈舞動人生——論，《詩經》中的「舞」〉，高師大：紀念林耀曾教授研討會，2009.11.14。

〔註81〕朱金城箋校：《白居易集箋校》（一），（上海：上海古籍，1988.12），頁 161。

〔註82〕《新唐書・西域傳》：「康者，一曰薩末鞬，亦曰颯秣建……高宗永徽時，以其地為康居都督府。」又見蕭之興〈關於匈奴西遷過程的探討〉，《歷史研究》，1968 年第 7 期。
《明史・西域傳》：「撒馬兒罕，即漢罽賓地，隋曰漕國，康復名罽賓……元太祖蕩平西域，盡以諸王駙馬為之君長，易前代國名以蒙古語，始有撒馬兒罕之名。去嘉峪關九千六百里。」

〔註83〕《新唐書・西域傳》：「康者……人嗜酒，好歌舞於道……開元初，貢鎖子鎧、水精杯……侏儒、胡旋女子。」「米，或曰彌末，曰弭秣賀……開元時獻璧、舞筵、師子、胡旋女。」「史，或曰佉怯沙……開元十五年，君忽必多獻舞女、文豹。」

〔註84〕歐陽予倩編著：《全唐詩中的樂舞資料》，（臺北：蘭亭，1985 年），頁 144。

康國者，康居之後也，遷徙無常，不恆故地，自漢以來，相承不絕。
其王本姓溫，月氏人也，舊居祁連山北昭武城，因被匈奴所破，西
逾蔥嶺，遂有國。枝庶各分王，故康國左右諸國並以昭武爲姓，示
不忘本也。

《新唐書・西域傳》云：

康者，一曰薩末鞬，亦曰颯秣建，元魏所謂悉斤者。其南距史百五
十里，西北距西曹百餘里，東南屬米百里，北中曹五十里。……人
嗜酒，好歌舞於道。……開元初，貢鎖子鎧、水精杯、碼　瓶、駝
鳥卵及越諾、珠儒、胡旋女子。

由上文得知：康國進供唐朝的內容物就包含「胡旋女子」，隋、唐《九部樂》、
《十部樂》中均有《康國樂》部，今敦煌石窟唐窟、新疆庫車庫木土拉、拜
城克孜爾石窟，仍保留許多胡旋舞的歌舞圖像。無論因進貢而來或隨商旅來
到長安，胡旋舞帶來草原民族的奔放與快速，在在衝擊一向以禮樂治國爲訴
求的中華樂舞。

　　與「旋轉」相關的舞容，又如〈驃國樂〉：「千彈萬唱皆咽咽，左旋右轉
空儴儴。」〔註85〕

　　來自今雲南受到天竺（今印度）一帶樂舞的影響〔註86〕〈驃國樂〉，也有
旋轉舞姿「左旋右轉空儴儴」，《漢典》：「儴」，有「舞個不停」、「參差不齊」
之意。關於旋轉的舞姿，劉虹考證認爲岑參〈田使君美人舞如蓮花北鋌歌〉
〔註87〕所寫亦胡旋舞〔註88〕。岑參盛讚此舞風華絕代（始知諸曲不可比，采
蓮落梅徒聒耳。世人學舞只是舞，姿態豈能得如此？），詩云：「此曲胡人傳
入漢」，是以舞者的打扮及伴奏（琵琶橫笛和末匝）都充滿異國風情，對觀者
而言是全新的視覺享受（世人有眼應未見、諸客見之驚且歎！）。

〔註85〕〈驃國樂〉，《全唐詩》作者標爲元稹，《樂府詩》標爲溫庭筠。
〔註86〕《樂府詩卷九十七　新樂府辭八　新題樂府下》，《會要》曰：「驃國在雲南西，
　　　　與天竺國相近，故樂曲多演釋氏詞云。」
〔註87〕《全唐詩》卷一九九，岑參〈田使君美人舞如蓮花北鋌歌〉云：
　　　　「美人舞如蓮花旋，世人有眼應未見！高臺滿地紅氍毹，試舞一曲天下無。
　　　　此曲胡人傳入漢，諸客見之驚且歎！慢臉嬌娥纖復穠，輕羅金縷花蔥龍。回
　　　　裙轉袖若飛雪，左鋌右鋌生旋風。琵琶橫笛和末匝，花門山頭黃雲合。忽作
　　　　出塞入塞聲，白草胡沙寒颯颯。翻身入破如有神，前見後見回回新。始知諸
　　　　曲不可比，采蓮落梅徒聒耳。世人學舞只是舞，姿態豈能得如此？」
〔註88〕劉虹：〈《田使君美人舞如蓮花北鋌歌》所詠舞蹈之歸屬淺析〉，《南方論刊》，
　　　　2009 年第 1 期。

關於舞容，岑參也有精彩的鋪陳，從宛如朵朵蓮花旋轉（美人舞如蓮花旋）、舞台設計（高臺滿地紅氍毹）、舞者盛裝打扮嬌媚、身材有穠（胖）有纖（瘦）（或穠纖合度？）、衣著鮮豔入時（慢臉嬌娥纖復穠，輕羅金鏤花蔥蘢），到舞碼的重頭戲旋轉（回裾轉袖若飛雪，左鋋右鋋生旋風。），舞者的長裙「鋋」在此作「快跑的樣子」（《漢語詞典》），因為快速旋轉使得裾、袖舞動如飛雪，並因而生起陣陣旋風，詩人因此又連結到塞外寒冬的景象（花門山頭黃雲合。忽作出塞入塞聲，白草胡沙寒颯颯。）；黃雲，是詩人對黃沙滾滾的譬喻，沙漠中的黃沙與被雪覆蓋的枯草被狂怒的北風捲起，又被捲入漫天飛雪之中，如同岑參另一首詩〈白雪歌送武判官歸京〉所言：「北風捲地百草折」。就在出神胡思亂想時，舞者突然來個一大翻身，又是一連串耳目一新的舞姿（翻身入破如有神，前見後見回回新。）

從元白岑諸作之分析，凡此種種描摹，如聞其聲、如見其形，雖然只是文字，卻令人似乎可拼貼出「胡旋舞」的精神樣貌，與舞者的飛揚神彩。

元白新題樂府「胡旋舞」

在介紹元稹、白居易〈胡旋女〉所描述的「胡旋舞」之前，先簡介「樂府」及「新題樂府」

「樂府」之名始於秦代「樂府宮」，掌「祭典」、「禮制」。漢武帝定「郊祀」之禮，建立「樂府」之官署，「樂府」乃審音度曲之機關，其職責為採集民間歌謠及文人詩辭，可說是延續《詩經》傳統，採風之後「被之管弦以入樂」。魏晉至唐代間，可以入樂的詩歌，以及仿樂府古題的作品（中唐「新樂府」）統稱為「樂府詩」。廣義而言，凡是合於聲樂的詩、詞、曲皆可稱「樂府」。如蘇軾詞集為《東坡樂府》、周邦彥詞集為《清真樂府》、張可久曲集為《小山樂府》。

總合上述，「樂府詩」產生於兩漢，由樂府采詩為濫觴；發達於南北朝，仿樂府舊題與形式的大量的創作；沒落於隋唐，因缺乏形式與內容的突破；改革於中唐──元稹、白居易的「新樂府運動」。

「新樂府」，為樂府新題之簡稱，與樂府舊題相對稱，中唐時期，白居易、元稹倡導「新樂府運動」，自立新題而作的樂府詩；但主張不合樂，只能誦；內容側重寫實，以反映社會問題。

白居易主張「文章合為時而著，詩歌合為事而作」，詩歌要能「上以補察時政，下以洩導人情」，「非求宮律高，不務文字奇，惟歌生民病，願得天子

聞。」是以「始得名於文章，終得罪於文章」，因得罪權貴，以致遭貶江州司馬。元白新題樂府承襲漢樂府的寫實精神，以記錄中唐的社會現象；而元白以文人之筆寫世俗現象，以雅筆錄俗事，具有雙重效果。

1.元稹〈胡旋女〉

元稹（779～831）〈和李校書新題樂府十二首・胡旋女〉（《全唐詩》卷419）

> 天寶欲末胡欲亂，胡人獻女能胡旋。旋得明王不覺迷，妖胡奄到長生殿。
>
> 胡旋之義世莫知，胡旋之容我能傳：
>
> 蓬斷霜根羊角疾，竿戴朱盤火輪炫。驪珠迸珥逐飛星，虹暈輕巾掣流電。潛鯨暗歛笪波海，回風亂舞當空霰。萬過其誰辨終始，四座安能分背面。
>
> 才人觀者相爲言，承奉君恩在圓變。是非好惡隨君口，南北東西逐君眄，柔軟依身著佩帶，裴回繞指同環釧。佞臣聞此心計回，熒惑君心君眼眩。君言似曲屈爲鉤，君言好直舒爲箭。巧隨清影觸處行，妙學春鶯百般轉。傾天側地用君力，仰塞周遮恐君見。翠華南幸萬里橋，玄宗始悟坤維轉。寄言旋目與旋心，有國有家當共譴。

元稹〈胡旋女〉這一首新題樂府，七古歌行體不入樂，保有「古體」士大夫之傳統遣詞造句典雅，但承襲「樂府」社會寫實的精神，使用齊言、七言古體的形式，一詩三十二句，首句入韻，共有十七個押韻字「亂、旋、殿、傳、炫、電、霰、面、變、眄、釧、眩、箭、轉、見、轉、譴」。

詩的內容不固著在四句一組的形式切分，結構可分爲「破題概述、描摹狀擬、議論規諫」三部分，其中描寫「旋轉」舞姿的在第二部分：

第二部分描摹狀擬，以數句譬喻描繪胡旋舞容舞姿，從「胡旋之義世莫知，胡旋之容我能傳：蓬斷霜根羊角疾，竿戴朱盤火輪炫。驪珠迸珥逐飛星，虹暈輕巾掣流電。潛鯨暗歛笪波海，回風亂舞當空霰。萬過其誰辨終始，四座安能分背面。」可歸納「疾」爲胡旋舞的特徵：

「疾」，迅捷快速，胡旋舞的旋轉的動作很快，快到什麼程度呢？《新唐書・禮樂志》云：「胡旋舞舞者立球上，旋轉如風。」旋轉如風，是以既像秋風狂掃落葉，吹斷蓬草支根隨風捲起，速度之快可能比飛越的羚羊還快（「蓬斷霜根羊角疾」）；舞者旋轉之快，快到耳環上鑲嵌的珠子或耳墜子互相撞擊

擦出星光般的火花（「驪珠迸珥逐飛星」）；隨著風馳電掣的高速，光彩閃耀宛如一道閃電（「虹暈輕巾掣流電」）。舞者表演的氣勢波瀾狀闊、沛然莫之能禦，好像潛在海底的大鯨魚翻波掀浪、澎湃洶湧（「潛鯨暗歙笪波海」）；舞者不停地旋轉，好像迴旋的風，在空中飄撒許多凌亂飛舞的冰雪（「回風亂舞當空霰」）。

　　元稹一共用了六句譬喻（「蓬斷霜根羊角疾，竿戴朱盤火輪炫。驪珠迸珥逐飛星，虹暈輕巾掣流電。潛鯨暗歙笪波海，回風亂舞當空霰。」）試圖紀錄、描繪胡旋舞，形容胡旋舞圓轉疾速的舞姿如蓬草飛轉、羊角旋風、炫目盤轉、飛雪飄逸……，旋轉速度之快使觀眾難以分辨舞者的背、臉。而這些譬喻確實與飛速有關，以下分述

「蓬斷霜根羊角疾」：

　　蓬，植物名。菊科飛蓬屬，多年生草本。莖多分枝，葉形似柳而小，有剛毛，花色白。秋枯根拔，風捲而飛，故亦稱為「飛蓬」。（《教育部重編國語辭典修訂本》）

　　霜，接近地面的水蒸氣，遇冷而凝結成白色的結晶顆粒。《詩經·秦風·蒹葭》：「蒹葭蒼蒼，白露為霜。」

　　羊角，此作「旋風」。語出《莊子·逍遙遊》：「翼若垂天之雲，摶扶搖羊角而上者九萬里。」

　　在秋天被蕭蕭秋風掃落葉的天地大掃除中，隨著撲天蓋地的秋風捲起的蓬草根猶帶秋霜，摶扶搖而直上青雲。

「竿戴朱盤火輪炫」：

　　火輪，形狀像車輪的火團。亦指著火的輪子。元·無名氏〈鎖魔鏡〉第三折：「火輪起金蛇亂走，鞭梢動驊騮損驊騮。」

　　「竿戴朱盤火輪炫」如果搭配觀察敦煌 222 窟中的藥師經變圖中的兩位快速旋轉的舞者，推測這句譬喻可以想見，快速旋轉的變化作一特技表演：舞者一邊自轉，一邊手持竹竿轉動朱紅圓盤，盤中並安裝火把或蠟燭，使舞者宛如《封神榜》李哪吒的風火輪。

「驪珠迸珥逐飛星」：

　　驪珠，古代傳說中驪龍頷下的寶珠。欲取驪珠，須潛入深淵中，待驪龍睡時，才能竊得，為極珍貴的寶物。典出《莊子·列禦寇》。

　　迸，此作向外四散。白居易〈琵琶行〉：「銀瓶乍破水漿迸，鐵騎突出刀

槍鳴。」《紅樓夢》第四十七回：「滿眼金星亂迸，身不由己，便倒下了。」

珥，用珠玉作成的耳環。《漢書·卷六十五·東方朔傳》：「主乃下殿，去簪珥，徒跣。」晉·張華〈輕薄篇〉：「簪珥咸墮落，冠冕皆傾邪。」

飛星，煙飛星散，比喻四處分散。《初刻拍案驚奇》·卷八：「有一等做舉人秀才的，呼朋引類，把持官府，起滅詞訟，每有將良善人家，拆得煙飛星散的，難道不是大盜？」

「驪珠迸珥逐飛星」，應是元稹以美辭描摹舞者裝飾之華美，舞者身上配件固然晶亮閃爍，卻未必真是以珍貴的驪珠、珠玉鑲嵌的耳環，只是隨著舞者的高速旋轉，帶動耳墜上的配飾互相撞擊反射出耀眼的光芒。以表演的效果而言，為了使遠處的觀眾也看得到，舞台上的動作要大、裝扮要誇張、亮彩，以凸顯表演，這是可以理解的。

「虹暈輕巾掣流電」：

隨著風馳電掣般的高速旋轉，舞者的臉頰與身披之綵帶也因燈光折射而映照出耀眼的七彩。

虹，彩虹，大氣中的水滴經日光照射後，發生折射或反射作用而形成的弧形光圈。出現在太陽的相對方向，由外圈至內圈呈紅、橙、黃、綠、藍、靛、紫七種顏色。

掣流電，掣，此處作「疾速飛行」之意。南朝梁·簡文帝〈金錞賦〉：「野曠塵昏，星流電掣。」電掣，形容像電光般快速。如：「風馳電掣」、「星流電掣」。星飛電掣，形容非常快速，如流星閃電般飛逝。

「暈」，作名詞時有幾個意思：

1. 「太陽及月亮周圍的光環」。《史記·卷二十七·天官書》：「日月暈適，雲風，此天之客氣，其發見亦有大運。」李白〈橫江詞六首之六〉：「月暈天風霧不開，海鯨東蹙百川迴。」
2. 光影、色澤四周模糊的部分。韓愈〈宿龍宮灘〉詩：「夢覺燈生暈，宵殘雨送涼。」蘇軾〈墨花〉詩：「花心超墨暈，春色散毫端。」
3. 面頰所泛生的輪狀紅色。如：「酒暈」。

根據上下文，比較接近「面頰所泛生的輪狀紅色」之義，描繪舞者桃腮之美意，隨著風馳電掣的高速，活動量之大使舞者的臉頰紅潤，想必也流了許多汗，披在身上的綵帶在舞台燈光折射下，映照出宛如彩虹般的七彩，耀眼奪目。

潛鯨暗歠笪波海：

這句可解為胡旋舞快速旋轉的氣勢就像深海中的鯨魚噴水攪動海浪的波動，不但力道巨大而且蓄勢待發，因此以「潛鯨暗歠笪波海」譬喻，形容胡旋舞容，並為其旋轉似乎力大無窮、源源不絕作註解，原來是類似游泳或唱歌中途換氣，鯨魚在每次噴水前也要在海底穩穩的吸飽水再噴出。

而鯨魚為什麼會噴水？這是因為鯨魚雖然生活在水中，卻仍要用肺向大氣中進行呼吸。

鯨魚的鼻孔和其他哺乳動物不同，牠沒有鼻殼，鼻孔開口在頭頂兩眼之間。鯨魚的肺很大，相對的肺容量也相當可觀，所以當牠儲存很多空氣時，就不用經常到水面來呼吸了。

雖然如此，鯨魚潛水的時間還是不能太長，通常大概每隔十幾分鐘就要出來換氣。牠會先把肺中大量的空氣排出，由於壓力很大，所以噴出時會發出很大的聲音，並且挾帶大量水氣到空中，形成壯觀的噴水畫面。

若在寒冷的海洋裡，外面的空氣比鯨魚體內的空氣冷，肺中的濕空氣因此凝成水滴。而在深海中，肺中空氣受強烈壓縮，壓縮的蒸氣強力的噴出，也造成了噴水奇觀。

「歠」，有「吸、吸入」。〔註89〕「收藏、收斂」。〔註90〕兩義。

「笪」，有「掌：掌子。」、「歪斜。」兩義。(《漢典網》)

波海，排山倒海，比喻力量巨大，氣勢壯闊。

海波，海浪。

是以「潛鯨暗歠笪波海」可解為，胡旋舞者旋轉舞動的氣勢波瀾壯闊，好像鯨魚在呼吸時吸入並噴出大量的海水，掀波翻浪導致驚濤駭浪。

回風亂舞當空霰：

回風，旋風。《楚辭・屈原・九章・悲回風》：「悲回風之搖蕙兮，心冤結而內傷。」亦作「迴風」。

霰，雨點遇冷空氣凝成的雪珠，降落時呈白色不透明的小冰粒，常呈球形或圓錐形，多降於下雪之前。如：「雨霰」、「霜霰」。

「回風亂舞當空霰」這一句不但有快轉如旋風之意，推測「當空霰」可

〔註89〕南朝宋・鮑照〈石帆銘〉：「吐湘引漢，歠蠡吞沱。」
〔註90〕《老子》第三十六章：「將欲歠之，必固張之。」《淮南子・兵略》：「(用兵之道) 為之以歠，而應之以張。」

能是旋轉的壓軸，撒下白色的「霰」，類似「天女散花」之後作結。結論再補充「萬過其誰辨終始，四座安能分背面」，胡旋女千轉萬轉，左旋右轉，急速如旋風，轉得那麼快，快得觀眾已分不清她的背和臉。

　　以上詩句使用的譬喻雖不無誇飾，卻極盡描摩之能事，大致狀擬胡旋舞疾轉如風的神韻，有如今日的報導文學；胡旋舞不但旋轉快速又多圈，連帶著「竿戴朱盤火輪炫」、「驪珠迸珥逐飛星」，舞者的道具、耳環，也跟著快速晃動而熠熠生輝。

2. 白居易〈胡旋女〉

白居易〈胡旋女〉（《全唐詩》卷 426）

> 胡旋女，戒近習也。天寶末，康居國獻之。康居與大月氏同族。領有今新疆北境至俄領中亞之地。

> 胡旋女，胡旋女。心應絃，手應鼓。絃鼓一聲雙袖舉，回雪飄颻轉蓬舞。左旋右轉不知疲，千匝萬周無已時。人間物類無可比，奔車輪緩旋風遲。曲終再拜謝天子，天子爲之微啓齒。

> 胡旋女，出康居，徒勞東來萬里餘。中原自有胡旋者，鬭妙爭能爾不如？

> 天寶季年時欲變，臣妾人人學圓轉。中有太眞外祿山，二人最道能胡旋。梨花園中冊作妃，金雞障下養爲兒。祿山胡旋迷君眼，兵過黃河疑未反。貴妃胡旋惑君心，死棄馬嵬念更深。從茲地軸天維轉，五十年來制不禁。

> 胡旋女，莫空舞，數唱此歌悟明主。

白居易〈胡旋女〉與元稹〈胡旋女〉爲姊妹作，這一首新題樂府屬雜言詩，有三言、七言句，三言似散文，七言的部分多爲七言古體的形式，保有士大夫之詩的傳統，但最注重的仍是「樂府」社會寫實的精神，共三十句，幾乎句句押韻，可是轉了幾次平仄通押的韻腳，部分還隔句叶韻，但末幾句前後呼應回到一開始使用的「魚」韻，依據《宋本廣韻》歸納本詩韻腳如下：〔註91〕

〔註91〕廣韻查詢系統 http://kyonh.com/syllable/1065/ 2011/7/117:45 搜尋。

韻　　系	韻攝		
魚	遇	平	如（平仄兩讀）、女、舉、居、餘
模		仄	鼓
虞		仄	舞（詩中用了兩次）、主
支	止	平	疲、兒（平仄兩讀）
之		平	時、居（平仄兩讀，且一韻在「魚遇」）
		仄	子、齒
脂		平	遲
微		平	妃（平仄兩讀）
		仄	比
仙	山	平	山、旋（平仄兩讀）
		仄	變、轉（詩中用了兩次）
山		仄	眼
元		平、仄	反（平仄兩讀）
侵 （下平二一侵）	深	平	心、深
		仄	禁（平仄兩讀）

除了「者」不入韻，詩人穿梭於「遇」、「止」、「山」、「深」等韻，從圓唇、展唇、閉唇鼻音、開口鼻音再回到到圓唇「遇」韻，如同「旋轉」般又轉回原點，活潑靈動的彈性用韻並且首尾呼應，此設計搭配胡旋舞姿若合符節。以詩文而言，全詩結構可分為三部分，而題目小注「戒近習也」已預示第二、三段要針砭的內容。

其中描寫「旋轉」的舞姿在第一段：

> 胡旋女，胡旋女。心應絃，手應鼓。絃鼓一聲雙袖舉，回雪飄颻轉蓬舞。左旋右轉不知疲，千帀萬周無已時。人間物類無可比，奔車輪緩旋風遲。曲終再拜謝天子，天子爲之微啓齒。

第一部分描繪胡旋舞容，首先呼告「胡旋女，胡旋女。」兩次，第二與與第三段又各呼告一次，每呼告一次「胡旋女」，雖只有短短三言卻充滿許多複雜的情緒，可以理解成冰山一角的抱怨。以下白居易寫出胡旋舞的舞姿舞容、搭配的樂器、觀者的想像譬喻與感受。

　　心應絃，手應鼓，絃鼓一聲雙袖舉，回雪飄颻轉蓬舞。

　　左旋右轉不知疲，千帀萬周無已時。

　　人間物類無可比，奔車輪緩旋風遲。

　　曲終再拜謝天子，天子爲之微啓齒。

這一場胡旋舞搭配絃樂與打擊樂之鼓，隨著絃樂與鼓聲的引領，舞者高舉雙袖開始旋轉，從「回雪飄颻轉蓬舞」推測旋轉的樣子好像冬天的北風颳起漫天飛雪以及被捲得飄搖亂轉的蓬草，「左旋右轉不知疲，千帀萬周無已時」，轉個不停，胡旋女不會疲倦嗎，不知已經轉了多少圈還沒停下來！「人間物類無可比，奔車輪緩旋風遲」，而且越轉越快連續快轉，不知要轉到什麼時候，胡旋舞技著實令人嘆爲觀止，在這世間恐怕沒有任何物種轉得比胡旋女還快，因爲車輪、旋風總有慢下來、停下來的時候，而胡旋舞轉的圈數與迅速恐怕已使觀者頭暈目眩不知所之。「曲終再拜謝天子，天子爲之微啓齒」直到音樂終了胡旋女的旋轉才隨之停下來，停下來之後還從容地跟天子行禮，似乎沒有疲態，而天子「微啓齒」大概已看得天旋地轉、目瞪口呆，忘記要如何還禮了。

　　這一段描述可以歸納胡旋舞的兩個特點，一爲元稹提出的「疾」，二爲旋轉無數個圈圈，而且因「疾」而美。但迅疾之美除了元稹使用的譬喻、白居易以三言、七言、換韻等變化配合舞步的快節奏，其方向應該也左右變換，此可參照元稹〈驃國樂〉詩云「左旋右轉空偓傞」。〔註92〕據筆者的經驗，向左轉幾圈若頭會暈，再轉回反方向（右邊）類似的圈數就能平衡。

小　結

　　由上可知，同樣對於「旋轉」舞姿舞容的描寫，除了藉助自然現象、天候變化來譬喻「旋轉」（踅圓箍）有多麼快速，元稹還寫出「亂而不亂」、亂中還出現不規則的各種美；白居易則在韻腳上設計圓唇音的轉換，於是呼應「旋轉」的舞姿，使得夠細心的讀者在朗誦時可以感受到口頭的「旋轉」。

　　元稹、白居易〈胡旋女〉將胡旋舞姿神情躍然紙上，胡旋女在鼓樂聲中起舞旋轉，隨著音樂節奏舉起雙袖，姿態輕盈宛如雪花於空中飄搖，又像蓬

〔註92〕卷九十七　新樂府辭八　唐・元稹〈驃國樂〉：「驃之樂器頭象駝，音聲不合十二和。促舞跳趫筋節硬，繁詞變亂名字訛。千彈萬唱皆咽咽，左旋右轉空偓傞。俯地呼天終不會，曲成調變當如何。」

草迎風流轉，時而左，時而右，左旋右轉似乎不知疲倦轉個不停，不知道共轉了多少圈子，旋轉的速度超越飛奔的車輪和迅疾的旋風。

　　大陸舞者教授董錫玖認為胡旋舞既要求動作輕盈，又要求急速旋轉、還要轉得多，節奏又要鮮明，沒有高度的技巧，是不能舞的。〔註93〕這是說，在專業舞者的表演中，「胡旋舞」代表高超圓熟的技術；也可以是挑戰舞蹈藝術的高標。

三、維摩詰經變中的「天女散花」

（一）維摩詰經變

　　「維摩詰經變」根據《維摩詰所說經》所繪，見於初唐203窟、220窟，〔註94〕經變圖中的人物畫得大小懸殊，不符合真實人生的比例，主角是維摩詰居士和文殊師利菩薩，所以畫得特別大，其他侍從、供養人畫得特別小；不成比例的畫法是為了凸顯主角。

　　220窟前壁的「維摩詰經變」描繪了《維摩詰所說經》中最生動的情節，敘述辯才無礙的維摩詰居士，在病中與前來問疾的文殊師利展開一場辯論，藉此闡發佛教大乘理論。

　　壁畫以〈問疾品〉為主體，右側是維摩詰示疾、左側是文殊問疾及門上的三佛說法。維摩詰手握塵尾，在帳內撫膝而坐，身體前傾，略現病容，但目光炯炯，咄咄逼人，神思飛揚，為傳神佳作。帳下畫前來聽法的各國王子，面貌各異，肌色和服飾均不同於漢人，神采風貌各有特色，藉此壁畫記錄了唐代以前所未見的各族人物圖。圖中的文殊菩薩受佛囑託，率眾前來問疾，從容就坐一面，舉止莊重，神態自如，與辯詞無礙的維摩詰形成對比。下部繪隨同文殊前來聽法的帝王群臣，與傳世初唐畫家閻立本的名作《歷代帝王圖卷》相比，毫不遜色。

〔註93〕解析參考董錫玖，〈胡旋舞〉，《中國舞蹈史‧唐代舞蹈》，（臺北：蘭亭，1985年），頁112。

〔註94〕初唐203窟「維摩詰經變‧文殊師利」，西壁龕北側上，（《中國美術全集‧繪畫編15‧敦煌壁畫（下）》，北市：錦繡，1989.9，頁2。）

初唐203窟，「維摩詰經變‧維摩詰」，西壁龕南側上（《中國美術全集‧繪畫編15‧敦煌壁畫（下）》，北市：錦繡，1989.9，頁3。）

頁18，維摩詰經變，維摩詰，初唐220窟，東壁南側

頁19，維摩詰經變，文殊師利，初唐220窟，東壁北側。

（二）「天女散花」的舞碼

敦煌舞的表演中常有「天女散花」的橋段，模擬壁畫飛天常在佛陀講經說法圓滿時，雨滿香花供養，供養花的功德，象徵微妙萬行開花結果。

在前一節元稹〈胡旋女〉中有詩云「回風亂舞當空霰」，描述胡旋女旋轉舞姿千轉萬轉，快轉的形象猶如旋風從天空旋落片片雪花，雪花隨著旋風做圓形的、又是向心的、又是離心的形狀旋出，如此「亂舞」之「亂」卻形成一種美，這樣「天花亂墜」的源頭令人聯想到經變圖中的「天女散花」。《法華經・序品》有：

> 爾時世尊，四眾圍繞，供養恭敬尊重讚歎，爲諸菩薩說大乘經……
> 佛說此經已，結跏趺坐，入於無量義處三昧，身心不動。是時天雨
> 曼陀羅華、摩訶曼陀羅華、曼殊沙華、摩訶曼殊沙華，而散佛上及
> 諸大眾。

「華」即「花」，「天花（華）亂墜」。上述經文可歸納出兩個重點：

其一，佛陀說法時，天人撒花「供養」，表示讚揚佛所說的殊勝妙法。

《心地觀經・序品》說：「六欲諸天來供養，天華（花）亂墜遍虛空。」

其二，天人以天界的四種華散布於佛及大眾身上，表示眾生平等，皆有佛性，只要肯修行皆能成佛。

「天花亂墜」於讚歎菩薩行、讚歎講經說法之高妙，例如：《金光明最勝王經・捨身品》記載佛本生的故事之一，曾於某世捨身餵虎唯留餘骨，時大地山河震動、十方世界昏暗，而天花飄布空中，乃諸天讚歎此捨己護他之菩薩行。

南朝梁武帝時，有雲光法師於雨花台設壇講經弘揚佛法，其至誠感得天花紛落如雨。「天花亂墜」本謂形容講經說法，有聲有色，極其生動，如《金剛經補註》云：「若人有所說法，直饒說得天花亂墜，也落在第二著。唯能坐斷十方，打成一片，非言語可到，是名眞說法也。」〔註95〕本非後世分衍之貶義。

四、「飛天」舞袖

「飛天」舞袖是敦煌舞與「袖舞、白紵舞」的因緣。

「飛天」一詞始見於《洛陽伽藍記》，飛天的形象，一方面來自於中國傳

〔註95〕心文：〈【佛語典故】天花亂墜〉，《人間福報》，2011.6.9。

統漢畫像磚中的羽人、飛仙；一方面來自於印度佛教藝術中的天歌神乾闥婆、天樂神緊那羅。〔註96〕

「飛天」就是天人，因爲修行善業而感召天人福報。「飛天」，飛於空中，以歌舞、香花等供養諸佛菩薩。印度自古以來即盛行「飛天」之傳說，故於各大佛教遺蹟中，「飛天」之壁畫、壁雕不乏其例。較著名者，有鹿野苑及秣菟羅博物館所藏石造釋迦說法像，其像之光背上即刻有二尊動感十足之「飛天」。另如浙江普陀落山法雨寺玉佛殿之三尊像，於舟形後光之中亦有數尊「飛天」之雕刻，其飄動之天衣，宛如火燄。〔註97〕

「飛天」爲供養菩薩之一，手持樂器者又名「伎樂天」。佛說法或一切行事時，「飛天」供養、護持赴會。〔註98〕千姿百態，善飛舞、能奏樂、揚手撒花散播芳香，優美輕捷、自由遨翔於人間天上。壁畫中的「飛天」，不畫翅膀，不靠雲彩騰雲駕霧，全憑輕柔綿長的飄帶往來展捲騰空起舞，天衣飛揚滿壁風動。當今「敦煌舞」的表演從道具彩帶、樂器再現「飛天」風華，彩帶代表飛翔時雲霧繚繞的襯景。高國藩說：「飛天的特色可說在彩帶」，飛天姿態變化多端、騰空自如歸功於彩帶，例如：北魏 121 窟（伯）西頂之壁，「飛天」彩帶飛揚，飛揚之姿多作半身轉動，即腰以下開始轉折。〔註99〕西魏 249 窟飛天，已用輕柔的飄帶來烘托飛翔的身影。〔註100〕

隋代 305 窟飛天，以集體的飛姿裝點天空。隋朝 147B 窟（伯）北壁飛天，常見自胸部轉曲，腿部傾斜向上，彩帶向上飄揚，飛天儼然從空中下降。〔註101〕

石窟壁畫中身披彩帶飛翔空中的飛天，除了以「香花、天衣、珠瓔」供養諸佛菩薩，還常持樂器吹奏歌舞，稱爲「伎樂天」，「伎樂天」源於「伎藝天」（Mahesvara）。「伎藝天」，梵名摩醯首羅天，即大自在天女。傳說大自在天女在天界表演諸技藝時，由其髻中化生一天女，容貌端莊，技藝第一，無

〔註96〕 王克芬主編：吳健攝影：《舞蹈畫卷》（敦煌石窟全集：17），（香港：商務印書館，2001 年），頁 13。
〔註97〕 慈怡主編：《佛光大辭典》（上），（高雄縣大樹鄉：佛光，1988 年），頁 3995。
〔註98〕 陳國寧：《敦煌壁畫佛像圖研究》，（臺北市：嘉新水泥公司文化基金會，1973 年），頁 134〜136。
〔註99〕 陳國寧：《敦煌壁畫佛像圖研究》，頁 134〜136。
〔註100〕 高國藩：〈隋唐時代惹人喜愛的飛天〉，《敦煌學百年史述要》，（臺北市：臺灣商務，2003 年），頁 27〜29。
〔註101〕 陳國寧：《敦煌壁畫佛像圖研究》，頁 134〜136。

人可勝，故爲「伎藝天」。此天女左手持一天華，掌諸藝成就，具圓滿福德，故深受尊敬。〔註 102〕

北魏 101 窟（伯）西壁龕楣部分〈佛說法圖〉上部有兩位伎樂天飛翔，手持管樂。435 窟、130 窟、120P 窟（伯）、118J 窟，每一伎樂天手中均持一種樂器。435 窟左一天女手持琵琶，居中者吹法螺，最右者擊腰鼓。〔註 103〕又如：中唐第 159 窟〈文殊變〉裡有三個繫著彩帶、飄忽迴旋、迎風飄舞的「伎樂天」或吹笙吹笛或打拍板，畫中的吹笙者形象特別生動，其靈動的手指和翹起的腳趾，傳達音樂的節奏感。〔註 104〕李天民觀察北魏北周壁畫中的舞蹈者，穿窄袖，作跳躍、踏轉之狀，樂人吹笙，彈琵琶箜篌，類似「胡騰舞」。唐代飛天，樂舞場面較前朝盛大，衣飾華麗，頭戴花寶冠，肩披巾綢，著半臂衣，穿長裙或著袍；樂隊中增添了拍板、大鼓、銅角，有「反彈琵琶」之姿。〔註 105〕

「伎樂天」之壁畫既反映當時西域一帶流行的樂器，也令觀者如聞其聲，如見其人。杜甫〈贈花卿〉曰：「此曲只應天上有，人間難得幾回聞」，想見仙樂飄飄之美妙。

石窟經變壁畫中有許多舞動長巾的「飛天」，身披長幅的綢帶御風而行。〔註 106〕清末民初，從京劇名伶大師梅蘭芳編演戲曲舞蹈《飛天》至今，敦煌舞者仿效石窟經變圖中的「飛天」身披彩帶而舞，宋郭茂倩編《樂府詩集》中有諸篇關於「白紵舞」的詩作，應是敦煌壁畫「飛天」彩帶環繞形象的淵源之一。

敦煌石窟壁畫中常見的「飛天」總是彩雲環繞、身披飄帶凌空飛翔，仿此之敦煌舞者常表演「彩帶舞」，彩帶或爲彩巾，彩巾應由長袖分化出來。「舞袖」的歷史悠久，從春秋戰國、秦漢到隋唐、明清，是傳統中國古典舞的一大特色，在舞蹈史中，漢代的盤鼓舞、長袖折腰舞；南北朝的白紵舞，北朝宮廷多見「巾舞」偶見「袖舞」；唐代的綠腰舞、霓裳羽衣舞等都善用長袖設計出精彩的舞碼。歷代「飛天」的壁畫藝術風格不盡相同，但都試圖繪出輕盈飄逸之美，有意思的是：所繪的舞姿舞容，其基底仍來自畫師對於現

〔註 102〕林保堯編：《佛教美術講座》，（臺北市：藝術家，1997 年），頁 166。
〔註 103〕陳國寧：《敦煌壁畫佛像圖研究》，頁 134～136。
〔註 104〕高國藩：〈燦爛奪目的唐代石窟藝術〉，《敦煌學百年史述要》，頁 26。
〔註 105〕李天民：〈在臺灣看敦煌舞蹈文化〉，《藝術學報》，1992 年 12 月。
〔註 106〕王克芬：《天上人間舞蹁躚》，頁 30。

實生活的觀察（例如：榆林 19 窟南壁五代經變伎樂，有一舞伎著長袖而舞，〔註107〕）加上想像彙整而成。

宋郭茂倩《樂府詩集》：「周有六舞：一日帗舞……六曰人舞。帗舞者，析舞綵繒，若漢零星舞子所持是也……人舞者，舞所執，以手袖為威儀也。……自漢以後，樂舞浸盛。故有雅舞，有雜舞。雅舞用之郊廟、朝饗；雜舞用之宴會。」〔註108〕如此看來周代的帗舞，應是巾舞、彩帶舞之源；而巾舞、人舞，即袖舞之源。

（一）袖舞

從豐富的「舞袖」的樂舞詩文，以及現存的敦煌壁畫可以知：袖舞在歷代舞蹈史的發展過程中經常都是備受矚目的焦點。根據茹之觀察發現，在歷代舞蹈史的更迭過程中，「袖舞」大致有兩個發展方向：一是「極其長袖」，二是「極其廣袖」：〔註109〕

1. 極其長袖

唐劉希夷〈春女行〉：「纖腰弄明月，長袖舞春風」〔註110〕長袖很長，出袖、收袖、拋袖、揚袖，就可以舞動春風！長袖這一特徵，一描繪到唐代經變壁畫中的「飛天」形象，一變為或身披或手執長幅織錦，在身體周圍上下飄舉、左右迴旋。唐代的長袖舞應是沿襲漢代巾袖舞，但把「長巾」延展為「長帶」，使「飛天」的形象符合神仙飛升飄逸之姿。

長袖善舞

成語「長袖善舞」語出《韓非子·五蠹》：「長袖善舞，多錢善賈。」這是說：袖子長，有利於起舞。原指有所依靠，事情就容易成功。後來譬喻有財勢會耍手腕的人，善於鑽營，會走門路。

王克芬認為現藏中國國家博物館的一尊「西漢陶女舞俑」，是貴族莊園中舞女的形象，舞女舒展長袖翩翩起舞。在漢朝流行的長袖舞從荊楚流傳而來，長袖意喻獸尾或鳥羽。修長的絲綢長袖飄逸，似是表達羽化成仙的美好嚮往。〔註111〕

〔註107〕吳曼英：《敦煌舞姿》，（上海市：上海文藝，1981 年），頁 133。

〔註108〕〔宋〕郭茂倩：《樂府詩集》卷第五十二〈舞曲歌辭一〉，（北京市：中華，1978年），頁 752～753。

〔註109〕茹之：〈凝練袖舞：水袖舞〉，《正見網》，2007.12.19。

〔註110〕唐劉希夷：〈春女行〉，《全唐詩》卷八二。

〔註111〕參見王克芬：《天上人間舞蹁躚》，頁 28。

　　西漢雕塑藝術家常將美麗的長袖舞姿雕在玉上，有一出土的拂袖少女舞俑，面帶微笑十分美麗，內穿長袖舞衣，外罩交領寬袖服；右手揚起，長袖飄揚在肩上方，以取大的動勢，將左手後擺，舒展長袖。右腳在前，左腳在後，腿略彎曲。徐小蠻認為：舞蹈家採用長袖，延長了人的肢體，增強了表現力和美的效果。而且長袖舞的形式多樣，以「對舞」而言，就有女子長袖對舞、男女長袖對舞；男子大袖長袍的對舞、男子常服小袖對舞；男子折袖對舞，女子折袖對舞。舞蹈地點有的在室外，有的在室內。在畫像中可以看到室內的表演，加有帷幕。〔註112〕

　　有時長袖舞的表演是歌舞百戲的一部分，就單獨舞者的舞袖身段而言，當舞者拋出長袖到收回之間，隨著音樂或劇情的變化，長袖可因輔助情緒的跌宕起伏而千變萬化，或舒展或捲曲或交錯綜橫，任憑觀者天馬行空想像，或如風戲白練，或如遊龍戲鳳……，令觀者眼花撩亂目不暇給。《中國音樂史料》收錄《古今圖書集成・舞部・舞部紀事、舞部雜錄、舞部外編》有關「袖舞」的詩文，描摹袖舞的情狀：

　　　《西京雜記》：「高帝戚夫人善為翹袖折腰之舞」

　　　東漢傅毅《舞賦》：「羅衣從風，長袖交橫」，張衡《觀舞賦》：「裙似飛鷥，袖如回雪」。唐劉方平《銅雀妓》：「淚痕沾井幹，舞袖為誰長」；謝偃《踏歌詞》：「倩看飄飄雪，何如舞袖回」；陳標《長安秋思（一作白紵歌）》：「舞袖慢移凝瑞雪，歌塵微動避雕樑」；李治《太子納妃太平公主出降》：「蝶舞袖香新，歌分落素塵」；李白《送長沙陳太守二首》：「定王垂舞袖，地窄不回身」；《樂府詩・白紵辭》：「吳刀翦彩縫舞衣，明妝麗服奪春輝，揚眉轉袖若雪飛」；司空圖《白菊三首》：「不辭暫被霜寒挫，舞袖招香即卻回」；邢鳳《夢中美人歌》：「舞袖弓彎渾忘卻，羅衣空換九秋霜」；湯惠休《白紵舞辭》：「桃花水上春風出，舞袖逶迤鷥照日」；白居易《夜宴醉後留獻裴侍中》：「翩翩舞袖雙飛蝶，宛轉歌聲一索珠」。宋柳永詞《思歸樂》：「皓齒善歌長袖舞，漸深入，醉鄉深處」；晏殊《木蘭花》：「爐中百和添香獸，簾外青蛾回舞袖」；張邦基《墨莊漫錄》〈減字木蘭花長短句〉云：「舞袖低回心到郎邊。」〔註113〕

〔註112〕參見徐小蠻：《舞蹈藝術》，（上海：三聯，1991年4月），頁35～36。

〔註113〕《中國音樂史料》，《古今圖書集成・舞部・舞部紀事、舞部雜錄、舞部外編》，（臺北市：鼎文，1975.5），頁2140～2149。

以上關於「長袖善舞」的詩文描述，或慢舞彎身如弓甚至到折腰的地步，幾乎是軟骨功，而停格的舞容如同凝結了瑞雪；或快如風飛揚雪，而當雙袖飛張確如蝶如蛾之雙翼翩然起舞，另一種聯想是舞袖揚起飛雪之後多盡春來，舞袖使大地回春，百花盛開，花香吸引蝶採蜜；又因歌舞表演時常互相搭配，所以描寫舞袖的同時也可想像美音天籟：

舞袖慢舞停格	高帝戚夫人善為翹袖折腰之舞（《西京雜記》）
	陳標《長安秋思（一作白紵歌）》
	舞袖弓彎渾忘卻，羅衣空換九秋霜（邢鳳《夢中美人歌》）
	舞袖低回心到郎邊（張邦基《墨莊漫錄》〈減字木蘭花長短句〉）
	淚痕沾井幹，舞袖為誰長（劉方平《銅雀妓》）
	定王垂舞袖，地窄不回身（李白《送長沙陳太守二首》）
舞袖快如風飛揚雪	羅衣從風，長袖交橫（傅毅《舞賦》）
	裙似飛鸞，袖如回雪（張衡《觀舞賦》）
	倩看飄颻雪，何如舞袖回（謝偃《踏歌詞》）
	揚眉轉袖若雪飛（《樂府詩·白紵辭》）
舞袖香、蝶、歌	蝶舞袖香新，歌分落素塵（李治《太子納妃太平公主出降》）
	翩翩舞袖雙飛蝶，宛轉歌聲一索珠（白居易《夜宴醉後留獻裴侍中》）
	皓齒善歌長袖舞，漸深入，醉鄉深處（宋柳永詞《思歸樂》）
	不辭暫被霜寒挫，舞袖招香即卻回（司空圖《白菊三首》）
	桃花水上春風出，舞袖逶迤鸞照日（湯惠休《白紵舞辭》）
	爐中百和添香爇，簾外青蛾回舞袖（晏殊《木蘭花》）

2.「極其廣袖」

「廣袖」的發展，與唐代婦女盛行「廣袖大衣、抹胸、雲肩」的服飾有關。袖舞之廣袖呼應盛唐貴妃雍容華貴的氣派，也彰顯貴族在既富且貴之後嚮往成仙的希冀，從李白《高麗樂》：「翩翩舞廣袖，似鳥海東來。」到白居易〈長恨歌〉：「風吹仙袂飄颻舉，猶似霓裳羽衣舞。」可以揣想「廣袖」如羽翼的舞容。

3. 水袖

唐朝從大盛到沒落之後，歷經五代十國，到了宋代，國勢大不如前，曾

經在宮廷表演的舞蹈藝人散落民間，卻因此促進了民間歌舞、戲曲藝術的發展。袖舞從原先只隸屬於舞蹈的範疇，開始融進了綜合唱、念、作、打的戲曲藝術中，進而成為一門獨特且意涵豐富的表現技巧——「水袖」。

「水袖」是明清戲曲演員在袖子前加裝的白綢子。演員使用「水袖」各種不同的技巧來表現不同人物性格，以及表達不同的情感。後來，又從戲曲中抽繹出獨立的水袖舞，使其超越了戲曲中行當表現特定人物的局限和動作的程式化。

舞好水袖舞的關鍵是「指、腕、肘、肩」四者要協調和統一。從外部動作而言，首先要求頭（上）、腰（中）、腳（下）的相互對稱與力量的均衡；其次是胯、膝、腳的統一與配合；然後是肩、肘、腕的追與隨。所謂「追、隨」是分清動作的主次關係，各部位所用的力量的強弱、活動幅度的大小等。〔註114〕最重要的是：舞者必須要求自己內緊外鬆、既鬆弛又協調、既挺拔又含蓄、既剛勁又柔韌。

水袖舞的動作分為：「出袖、收袖、揚袖、沖袖、搭袖、繞袖、撇花」。表現「剛烈」或「憤怒」多用抓袖、沖袖；用快收、快放較強烈的袖技表現剛烈的性格和憤怒的情緒；表現「靈巧、喜悅」，則多用繞袖、撇花的靈活變換。水袖舞的動作要求是使水袖成為身體的一部份，而不僅僅作為一個裝飾性的動態，因此要求舞者動作幅度大。〔註115〕

水袖舞的表現力豐富，充滿了詩的韻味，其主要特徵是「寫意多於寫實，在抒情中敘事」。它既可以表現「當肯嫁東風，無端卻被秋風誤」的自嗟自歎、傷感、無奈的情緒，又能表現「亂石穿空、驚濤拍岸，捲起千堆雪」那雄偉、壯麗的景色和開朗、豪邁的氣概。〔註116〕

水袖是一種無聲的藝術語言，舞者藉由「水袖」曲盡其致人物的情感，而觀者則通過「水袖」的舞動，產生無盡的遐想。

（二）白紵舞

《樂府詩》中詩錄多首以「白紵（舞）」為題的作品，依照「詩樂舞三位一體」的傳統，文學既有舞曲歌辭內容，想必當年紅極一時。

敦煌舞「飛天」所用的彩帶淵源之一應是巾舞。莫高窟第 148、172、205

〔註114〕茹之：〈凝練袖舞：水袖舞〉，《正見網》，2007.12.19。
〔註115〕茹之：〈凝練袖舞：水袖舞〉，《正見網》，2007.12.19。
〔註116〕茹之：〈凝練袖舞：水袖舞〉，《正見網》，2007.12.19。

窟都有雙人巾舞，201 窟有單人巾舞。〔註 117〕

「巾舞」的特點是舞者手持長巾起舞，從壁畫推知「巾舞」從漢代盛行到北朝，漢代的「巾舞」爲北朝舞蹈的發展提供了豐富的素材和基礎。舞者手中飛舞的長帶，類似舞巾，很像現在《長綢舞》中所用的長綢。〔註 118〕

追溯「巾舞」的淵源，在宋郭茂倩編《樂府詩・〈巾舞歌〉》詩題解引用：《唐書・樂志》曰：

> 《公莫舞》，晉、宋謂之《巾舞》。其說云：「漢高祖與項籍會鴻門，
> 項莊舞劍，將殺高祖，項伯亦舞，以袖隔之」，且語莊云：「公莫」
> （苦）。〔古〕人相呼曰公，言公莫害漢王也。漢人德之，故舞用巾
> 以像項伯衣袖之遺式。〔註 119〕

由「項伯亦舞，以袖隔之」、「舞用巾以像項伯衣袖之遺式。」可知，「袖」與「巾」是鴻門宴中項莊舞劍的輔具。「巾」的材質或來自於「紵」。「紵」，是一種麻料纖維，同「苧」。《詩經・陳風・東門之池》：「東門之池，可以漚紵。」孔穎達《詩經正義》引陸機疏云：「紵亦麻也。」紵是麻類，江西宜黃盛產紵布。〔註 120〕麻是夏天涼爽衣著的布料來源，「白紵」，是細緻而潔白的夏布。唐・張藉・〈白紵歌〉：「皎皎白紵白且鮮，將作春衣稱少年。」

「白紵」別稱「淥水」，鮑照〈白紵歌六首〉第五中附註：「古稱《淥水》今白紵，催弦急管爲君舞。」

白紵歌，樂曲名；流行於吳地的舞曲歌辭，即「白紵舞歌」，或稱爲「白苧詞」。「白紵舞」起源於漢晉，漢晉古鏡銘文有「舞白紵」一語。《輿地紀勝》卷一八〈太平州〉：「桓公井在白紵山。」《九域志》云：「晉桓溫所鑿。」《寰宇志》：「又名楚山。桓溫領妓遊山奏樂，好爲《白紵歌》，因名焉。井在其上。」

「白紵舞」在唐杜佑《通典》歸入「雜舞」。《宋書・樂志》：「白紵舞，按舞辭有巾袍之言。紵本吳地所出，宜是吳舞也。」

常任俠認爲「白紵舞」在晉代已由民間流行到貴族社會，並成爲宮廷富室常備的娛樂節目。〔註 121〕

〔註 117〕王克芬：《簫管霓裳——敦煌樂舞》，（蘭州：甘肅教育，2007 年），頁 14～15。
〔註 118〕徐小蠻：《舞蹈藝術》，上海：三聯，1991 年 4 月，頁 35～36。
〔註 119〕〔宋〕郭茂倩：《樂府詩集》，〈卷五十四舞曲歌辭三，雜舞二〉，〈巾舞歌〉，頁 786～787。
〔註 120〕常任俠：《中國舞蹈史》，（臺北：蘭亭，1985 年），頁 26。
〔註 121〕常任俠：《中國舞蹈史》，臺北：蘭亭，1985 年，頁 26。

「白紵舞」通常與伴奏樂器「韓、鐸」、相類似的道具「巾、拂」一起演出，李白〈白鳩拂舞辭〉註解中附有《古今樂錄》的說明：

> 韓、鐸、巾、拂四舞，梁並夷則格，鐘磬鳩拂和，故白擬之，爲《夷則格上白鳩拂舞辭》云。……梁三朝樂第二十，設《巾舞》，並《白紵》，蓋《巾舞》以《白紵》四解送也。〔註122〕

從上述文獻可知：「白紵舞」應是「巾舞」精緻化之後的一種表演方式。「白紵」是「紵」、「巾」精緻化而之後的舞蹈道具。宋郭茂倩《樂府詩》收錄許多〈白紵詞〉，〈卷第五十五舞曲歌辭四〉收有：

> 《齊拂舞歌・白鳩辭》、《梁拂舞歌・〈拂舞歌〉・〈拂舞辭〉・〈白鳩辭〉》、李白〈白鳩辭〉、《宋白紵舞歌詩》、《齊白紵辭》、《梁白紵辭》二首、《宋白紵舞辭》：宋劉鑠〈白紵曲〉、宋鮑照〈白紵歌六首〉、宋湯惠休〈白紵歌二首〉、梁張率〈白紵歌九首〉、唐崔國甫《唐白紵辭二首》、唐楊衡《唐白紵辭二首》、唐李白《唐白紵辭三首》、唐王建《唐白紵歌二首》、唐張籍《唐白紵歌》、唐柳宗元《唐白紵歌》。〔註123〕

〈卷第五十六舞曲歌辭五　雜舞四〉收有：

> 梁沈約〈四時白紵歌〉、隋煬帝〈四時白紵歌〉、隋虞茂〈四時白紵歌〉兩首、唐元稹〈冬白紵歌〉〔註124〕。

《樂府詩集》收錄許多以白紵爲主題的作品，既反映「白紵舞」流行的盛況，也可見「白紵舞」之名，乃依於所使用的關鍵道具——「白紵」。

「白紵」可以說是敦煌「飛天」彩帶舞的根源之一。「白紵舞」初爲獨舞，到梁代曾發展爲五人合舞。

「白紵舞」獨舞的詩句有：梁武帝〈白紵辭〉：「纖腰裊裊不任衣，嬌怨獨立特爲誰。」李白〈白紵辭〉：「揚眉轉袖若雪飛，傾城獨立世所稀。」〔註125〕

「白紵舞」合舞的詩句，可以從沈約〈白紵〉五章想見其風貌，據龍輔《女紅餘志》載：「沈約《白紵歌》五章，舞用五女，中間起舞，四角各奏一

〔註122〕〔宋〕郭茂倩：《樂府詩集》，卷第五十五舞曲歌辭四，頁800。
〔註123〕〔宋〕郭茂倩：《樂府詩集》，卷第五十五舞曲歌辭四，頁793～804。
〔註124〕〔宋〕郭茂倩：《樂府詩集》，卷第五十六舞曲歌辭五、雜舞四，頁 806～808。
〔註125〕常任俠：《中國舞蹈史》，（臺北：蘭亭，1985年），頁27～28。

曲，至『翡翠群飛』以下，則合聲奏之，梁塵俱動。舞已，則舞者獨歌末曲以進酒。」〔註126〕

　　南朝「白紵舞」的盛行，從獨舞到梁代擴展為五人合舞的編制，可知「白紵舞」的組織發展日益擴增是為了因應貴族頻繁的宴會，因此常任俠視「白紵舞」為上層統治者奢靡生活的一例。〔註127〕那麼到底有多華麗呢？

　　如同後漢傅毅描繪「鞶舞」的〈舞賦〉，是紀錄鼓舞細緻而逼真的文獻，晉張華〈白紵舞歌詩〉三章，既描繪了「白紵舞」的舞服舞容，也記錄了酒席宴會的奢華場面——晉張華〈白紵舞歌〉其一：

> 質如輕雲色如銀，愛之遺誰贈佳人。製以為袍餘作巾，袍以光軀巾拂塵。麗服在御會佳賓，醽醴盈樽美且淳。輕歌徐舞降祇神，四座歡樂胡可陳。

首句以「描繪銀色的白紵質輕如雲」入筆，原來是貴族的大手筆要送給美人（佳人）裁製成禮服（舞衣），零碎的布料還可以做成「拂塵」，也就是舞蹈用的道具。第五句點出美人與麗服相得益彰，原來是要在主人的設宴中扮演重頭戲，就在賓主盡歡酒酣耳熱之餘，美人如同仙女下凡般輕歌慢舞，贏得在座嘉賓滿堂彩。其中第七句之「降祇神」呼應首句之「質輕如雲」，詩人在此的想像應是神仙總是乘雲飛翔，所以把兩者的意象錯綜連貫，同時這裡應也有盛讚「白紵」的纖維如白雲般輕柔美好。

　　讀者可以想像這首詩描繪的華筵在夜晚輝煌的燭光中舉行，美麗的舞者婆娑曼舞，相似情景亦見於鮑照〈白紵歌〉：「蘭膏明燭承夜暉」、「夜長酒多樂未央」，沈約〈四時白紵歌〉：「朱光灼爍照佳人」、「夜長未央歌白紵」。就在這夜夜笙歌的奢靡中，逐漸消磨了國勢家運。那麼「白紵舞」到底有多曼妙呢？

　　「白紵舞」的手勢動作與「長袖」不可分，當舞者將雙手從肩、肘、腕使勁出力，或向上拋袖，或向左右畫圓揚袖，長袖就飄逸生姿。晉張華〈白紵舞歌〉：

> 輕軀徐起何洋洋，高舉兩手白鵠翔。

張華形容舞者的身段輕盈，一開始從容不迫的動作，緩慢而大器，當白色的長袖高舉之際，宛如天鵝展翅飛翔升空。劉鍊〈白紵曲〉：

〔註126〕常任俠：《中國舞蹈史》，頁28～29。
〔註127〕常任俠：《中國舞蹈史》，頁26。

　　　　仙仙徐動何盈盈，玉腕俱凝若雲行，佳人舉袖耀青蛾，摻摻擢手映

　　　　鮮羅。

劉鍊寫舞者一出場就像仙女在雲端凌波微步，舉止輕盈好像雲朵載著佳人移動，當他們一舉起長袖，便露出如皓玉般晶瑩的手腕，以及與之相輝映的白紵舞衣，更襯托出紅粉青蛾的美貌，唐杜審言〈戲贈趙使君美人〉詩：「紅粉青蛾映楚雲，桃花馬上石榴裙。」

　　以上「白紵舞」舉手揚袖的動態，被詩人從不同的角度捕捉以描繪其美妙。詩人先著墨於舞者舉手投足之間的「手姿」就吸引了眾人的目光，更何況尚未寫到的舞藝不知又會多麼引人入勝了。

　　而白紵舞服之美，更為飄飄欲仙的舞者形象加分，張華說：「質輕如雲色如銀」；劉鍊說：「鮮羅」，鮑照〈白紵詩〉：「纖羅霧縠垂羽衣」，湯惠休〈白紵詩〉：「任羅勝綺強自持」。《全唐詩》鮑溶〈寒夜吟〉：「細腰楚姬絲竹間，白紵長袖歌閑閑」；隋煬帝〈四時白紵歌〉：「長袖逶迤動珠玉」；翁卷〈白紵詞〉：「翩翩長袖光閃銀」〔註128〕

　　常任俠說：「長袖取其飄逸，為白紵舞的特色。」〔註129〕白紵舞服之美又可見於唐代杜佑《通典》所載：

　　　　當江南之時，巾舞、白紵、巴渝等衣服各異。……今二人平巾幘，

　　　　緋褶，舞四人，碧輕紗衣，裙襦，大袖，畫風雲之狀。漆鬟髻，飾

　　　　以金銅雜花，狀如雀釵。錦履，舞容閑婉，曲有姿態。〔註130〕

杜佑記述所見江南「巾舞、白紵、巴渝」三種不同的的舞服型態，在四川發現的磚刻畫中，還留有與這類藝人相似的形象。據此，聞性真認為「白紵舞」初在民間，舞服應是由白紵製作，**長袖而且持巾**，後來「白紵舞」進入宮廷富室，即踵事增華，舞服用輕縠、羅綺，身佩珠翠，舞人的裝飾日益華麗。〔註131〕例如：

　　楊衡〈白紵歌〉：「玉纓翠珮雜輕羅」王建〈白紵歌〉：「玉釵浮動秋風生」；舞鞋上綴著明珠，如鮑照〈白紵歌〉：「珠履颯沓紈袖飛」，楊衡〈白紵

〔註128〕翁卷，南宋永嘉四靈之一，〈白紵詞〉，見《葦碧轉詩鈔》，常任俠：《中國舞蹈史》，（臺北：蘭亭，1985年），頁33。

〔註129〕常任俠：《中國舞蹈史》，（臺北：蘭亭，1985年），頁30。

〔註130〕杜佑，《通典》，頁146。

〔註131〕聞性真：〈白紵舞小考〉，《舞蹈》叢刊第四輯。轉引自常任俠：《中國舞蹈史》，頁29。

歌〉：「躡珠履，步瓊筵，輕身起舞紅燭前。」舞畢時，甚至「墮釵遺佩滿中庭」（王建〈白紵歌〉）〔註132〕。以上從「白紵舞」佩飾之盛，可見貴族沈迷聲色之甚！可想而知又有什麼時間精力造福國計民生，對照到南朝的國勢江河日下，也是理所當然。

然而，對舞蹈而言，真正炫目的，不只是華麗的舞服與配件裝飾，舞姿舞容才是舞蹈真正的才藝與內涵。根據常任俠的整理，舞袖的動作大概可分為「掩袖」、「拂面」、「飛袖」、「揚袖」。

「掩袖」：舞人低鬟轉面時，以雙袖微掩面部，半遮嬌態。例如王建〈白紵歌〉：「低鬟轉面掩雙袖，玉釵拂動秋風生。」

「拂面」：與掩袖略同，但輕輕拂過。例如沈約〈白紵歌〉：「長袖拂面爲君施」略可見意。

「飛袖」：在節拍快速時比較迅急的動作，例如鮑照〈白紵歌〉：「珠履颯沓紈袖飛」。

「揚袖」：初舞時即舉手揚袖；在節拍較緩、低舞慢轉時，也揚袖。例如王儉〈白紵歌〉：「羅袿徐轉紅袖揚」。

除了常任俠整理的「掩袖」、「拂面」、「飛袖」、「揚袖」，還應加上「垂手」，根據王克芬的整理──

「垂手」，在南北朝已作爲某種特定舞蹈動作的術語。梁簡文帝詩〈大垂手〉、〈小垂手〉描寫輕盈柔曼的舞姿，特別是雙臂輕拂的動態。

唐《樂府雜錄・舞工》：「舞者樂之容也，有大垂手、小垂手，或如驚鴻，或如飛燕。」白居易〈霓裳羽衣歌〉：「小垂手後抑無力。」

周密《癸辛雜事》輯錄宋代《德壽宮舞譜》有收錄「垂手」。

譚正璧編著《元曲六大家傳略》引關漢卿〈不伏老・南呂一枝花套〉唱詞：「我也會唱鷓鴣，舞垂手。」

歐陽予倩認爲「垂手」可能是「單抖袖、或「雙抖袖」，此與清代《天台仙子歌》繪蔣翠羽家伎舞姿圖（註明她善舞大小「垂手」）相符。

〔註132〕《全唐詩》卷22_14【舞曲歌辭・白紵歌二首】王建
　　天河漫漫北斗粲，宮中烏啼知夜半。新縫白紵舞衣成，來遲邀得吳王迎。低鬟轉面掩雙袖，玉釵浮動秋風生。酒多夜長夜未曉，月明燈光兩相照，後庭歌聲更窈窕。主館娃宮中春日暮，荔枝木瓜花滿樹。城頭烏棲休擊鼓，青娥彈瑟白紵舞。夜天燈燈不見星，宮中火照西江明。美人醉起無次第，墮釵遺佩滿中庭。此時但願可君意，迴畫爲宵亦不寐，年年奉君君莫棄。

　　王克芬認為「垂手」可能是一種垂臂輕拂擺動的特定舞姿。〔註133〕

　　「白紵舞」除了手姿加上長袖善舞，眼神表情也很重要。沈約〈白紵歌〉：「朱光灼爍照佳人，含情送意遙相親」、「如嬌如怨狀不同，含笑流盼滿堂中」。王儉〈白紵歌〉：「轉盼流精豔輝光，將流將引雙雁行」湯惠休〈白紵歌〉：「為君嬌凝復遷延，流目送笑不敢言。」眼睛是靈魂之窗，也是神韻所在，《詩經・衛風・碩人》：

　　　　蝤首蛾眉，巧笑倩兮，美目盼兮。

流波送盼，含笑生姿，靈活又美麗的眼神特別容易吸引眾人的目光聚焦，當舞者以眼神與眾目睽睽互動，藉以詮釋舞劇所要傳達的情意或思惟，是精神上的交流，尤其藉由「飛天」的作為凡人與諸佛菩薩的中介橋樑，更是形而上的飛升。

　　白紵舞譜雖已失傳，但從六朝詩歌可以想見所謂「六代風流」應有「白紵舞」為其點綴，從王儉〈齊白紵〉、沈約〈四時白紵歌〉，大概齊梁發展得最盛。北魏時曾傳入北朝，《洛陽伽藍記》有言：

　　　　永安二年中，大夫楊元慎，治陳慶之疾，有辭曾曰：「白紵起舞，揚波發謳。」

據此可知白紵舞也受到北朝士大夫的愛好。唐李白、崔國輔、王建、柳宗元、元稹等人都有歌詠白紵之作。其中崔國輔的七言四句體二首，與齊梁體不同，任二北疑即唐人所翻、喜歌之《大白紵》曲辭。南宋永嘉四靈之翁卷，傳有〈白紵詞〉，之後不見記載，疑保留於現行「巾舞」與京劇中之「白綢水袖」。〔註134〕

第三節　從石窟造像中擷取的敦煌舞姿

一、石窟造像與舞姿

（一）石窟造像

　　說到從印度傳來的石窟造像，必然要思考為何要造像，概括說來，雕刻塑造佛像有三個功能：

〔註133〕王克芬：《中國舞蹈發展史》，（上海：上海人民，1991.7），頁292～293。
〔註134〕常任俠：《中國舞蹈史》，頁31。

1. 弘法：弘揚佛法，以相表法、象徵佛寶，接引眾生觀相念佛。
2. 修行：提供眾生瞻仰佛像，進而見賢思齊、熄滅貪嗔癡等煩惱。
3. 文化資產：石窟造像是文化精美的藝術紀錄，也因此保存了歷史。

而為什麼弘法要有佛像？因為莊嚴的佛像可以攝受人的心念，提起正念，生恭敬心、景仰心；瞻仰佛像生效法之心，學佛成佛，見賢思齊，佛是眾生學習的對象。所以禮佛時，身口意應該扣住戒定慧與禪觀。

石窟群包含「支提堂」「僧院」二種不同的建築形式，「支提堂」即僧寮，僧侶生活起居的地方；「僧院」是僧侶修道的地方。世界上保存最早的佛塔是約西元前二世紀的「桑奇二號塔」。佛塔有六種樣式：「覆缽式、樓閣式、密檐式、單層式、藏式、金剛寶座」。

印度佛教藝術有四個重要時期：

1. 孔雀王朝，代表君主　阿育王

　　（無像時期　以法輪、足印、蓮花、菩提樹、金剛寶座代表佛陀）

2. 貴霜王朝，代表君主　迦膩色迦王（佛像與菩薩像的誕生）

3. 笈多王朝

4. 帕拉王朝

佛像與菩薩像的誕生在貴霜王朝，約西元一世紀。貴霜王朝有二大佛教藝術中心：犍陀羅、秣兔羅，兩種風格迥異，簡表如下：

貴霜王朝有二大佛教藝術中心	
犍陀羅	秣兔羅
希臘式	本土式
厚重衣袍	薄衣貼體

貴霜王朝佛像特色：石刻就地取材、生動活潑、溫馴和藹、螺髮整齊。

犍陀羅佛像風格：深青色石岩，受希臘式的影響，像阿波羅的戰士；波浪形捲髮、深目、高鼻隆鼻、有鬍子、胸厚、雄壯威武、身體魁梧有肌肉；雕刻複雜、裝飾性；厚重衣袍、通肩式袈裟、生動活潑

秣兔羅佛像風格：偏紅砂岩，印度本土佛像，剃髮光頭梵行相、圓臉雙頰豐滿、雕刻簡單陰刻、薄衣貼體；袈裟右袒、面容溫馴和藹。

笈多王朝佛像特色：黃金時期，莊嚴華麗、凸顯主角不成比例、眼圓、佛像不笑，但嘴角上揚清楚，內斂攝受人、典雅精工，最完美的雕刻，螺髮

右旋，但一顆一顆非常清楚。其中，「凸顯主角不成比例」這一特色影響莫高窟的〈維摩詰經變圖〉，維摩詰居士畫得特別大，其他比丘眾生畫得別小，以凸顯借病說法的主角「維摩詰居士」。

以下表列簡單比較：

	貴霜王朝		笈多王朝
整體而言	融合外來文化（犍陀羅）的影響與本土文化（秣兔羅）		精工華麗
風格名稱	犍陀羅	秣兔羅	
雕塑特色	生動活潑	溫馴和藹	神聖莊嚴、無笑意
外形	身材體格雄健		
髮型	髮波浪	剃髮	螺髮整齊排列
衣飾雕刻	陰刻		陽刻、衣紋不同、典雅自然、雕刻精工

印度史上最支持佛教的君王是阿育王，最早的佛教石柱是阿育王石柱，常用吉祥動物（獅子像）、蓮花瓣、蓮臺等圖案裝飾與雕刻。阿育王鹿野苑的獅頭石柱，獅子代表：說法、權威。〔註135〕

最早的佛像典故出自《增一阿含經》「優填王的造像傳說」：

佛陀上忉利天為母說法，弟子優填王思念佛陀殷切，是以塑像瞻仰、學習、憶念佛陀的功德。〔註136〕

「佛般泥垣後，為了念佛故作像，使世間之人供養欲得福」〔註137〕

石窟造像來到中國，滋衍了歷代不同的風格，從傳移摹寫的最初形式到後秦、漢魏風骨；秀骨清像的北魏（鮮卑漢化）；西魏氣韻生動的佛與菩薩；東魏北齊的突變；北周（復古與質樸文風）純樸敦厚的佛菩薩；氣度恢宏的大隋；巨佛崇拜與多樣風格，雍容華貴的盛唐，盛唐氣象的藝術表現；風格單一的五代；世風濃郁的兩宋；邊緣化的元明清。〔註138〕各有特色，而敦煌

〔註135〕印度各時期的佛教藝術資料參考：高田修著，高橋宣治、楊美莉譯：《佛像的起源》（下），（臺北縣中和市：華宇，1985）。

〔註136〕高田修著，高橋宣治、楊美莉譯：《佛像的起源》（下），（臺北縣中和市：華宇，1985），頁12。

〔註137〕支婁迦讖譯：《道行般若經》卷十（大正八、頁476b），高田修著，高橋宣治、楊美莉譯：《佛像的起源》（下），（臺北縣中和市：華宇，1985），頁587～589。

〔註138〕傅小凡：《妙相莊嚴・佛教藝術（雕塑篇）》，北京市：宗教文化版社，2007.1。

舞所模仿的主要是唐朝的石窟經變與造像。

（二）敦煌舞手姿取自造像

敦煌舞姿除了取自石窟經變圖（例如：飛天伎樂天、S型三道彎、反彈琵琶、旋轉），手姿還取自石窟造像。石窟所塑造的諸佛菩薩等的石雕、木雕、泥塑，雕塑之後都敷加彩繪，統稱爲彩塑。敦煌舞手姿與印度舞有關。

手勢語言是印度古典舞蹈的重要特徵，可以追溯到印度宗教儀軌中帶有神秘色彩的「結印」。「結印」又稱「手印」，乃手指所結之印。起初如《陀羅尼集經》所言：「誦咒有身印等種種印法。若作手印誦諸咒法，易得成驗。」後來成爲毋須語言來表達思想和交流感情的手段。

與宗教密切相關的印度古典舞蹈不僅繼承了「手印」，而且使其得到了充分的發展。印度古代婆羅多牟尼所著《舞論》〔註139〕有專章（第九章）論及手勢，有單手勢、聯手勢、和舞手勢共六十七個。單手勢、聯手勢多用於「卡塔卡利舞」（舞劇），而舞手勢主要用於「婆多羅舞」（純舞）。

《舞論》中記載的用一隻手做的「單手勢」有：旗、月牙、剪刀、**鹿頭、雞冠、鸚鵡嘴、蓮花苞**等；用兩隻手做的「聯手勢」有：合掌、緝字、秋千、花萼、象牙、鴿子、螃蟹等；而「舞手勢」有斜坡、髮髻、蔓藤、象鼻、鵬眼、芫荽等。

從手勢的命名，可以看出大多是形象化的詞語。經過千百年來的沿襲，基本手勢雖然變化不大，但利用基本手勢互相配合所表達的涵義卻愈來愈多。古印度人認爲，沒有不能表達涵義的手勢，也沒有手勢不能表達的事物。它不但可以表現人們的行爲舉止、情狀意態；表現自然界的時序節令、黃昏黎明，甚至能夠描摹顏色、傳達聲音。〔註140〕從性質上來說，手勢可分爲兩類：一類是有明顯意義的，稱爲「顯性手勢」；另一類是象徵性的，稱爲「暗示性手勢」。〔註141〕

〔註139〕《舞論》，一譯《戲劇論》，是印度現存最早的、系統的戲劇理論著作。全書論述了戲劇工作的各個方面：劇場、演出、舞蹈、內容情調分析、形體表演程式、詩律、語言（包括修辭）、戲劇的分類和結構、體裁、風格、化裝、表演、角色、音樂。
〔註140〕于平：《舞蹈欣賞》，（臺北市：五南，2002.5），頁211～212。
〔註141〕于平：《舞蹈欣賞》，（臺北市：五南，2002.5），頁213。
　　　　「顯性手勢」、「暗示性手勢」：
　　　　如「鴿子」這一手勢，其作爲顯示性手勢是鴿子本身，而配合身體的蜷縮並將那一手勢置於胸前，表現的是「寒冷」，這便屬於暗示性手勢。《舞論》所

　　敦煌舞「坐姿」多模擬雕塑中打坐的姿態，「手姿」多取自石窟造像中諸佛菩薩羅漢的手印。

　　常見「敦煌舞」的起勢舞姿爲：「合掌打坐」，這個動作在石窟造像中所在多有。

　　《敦煌舞教程》中的手姿訓練豐富，這些手勢是各種持物狀，例如：「佛手式」，手拿佛珠。「捧托式」，捧托供物。「平托式」，單手托盤。若分單、雙手姿又可區分爲：

　　　　單手：開三指式（彎三指、翹三指、鹿角式）、持花、折柳枝。

　　　　雙手：合掌式、荷花式、抱拳式，吹奏式（持樂器，如：抱笙式）

〔註142〕

「佛手」（蓮花指）、「蝶姿」、「佛手對腕」、「翹三指」、「彎三指」、「輪指」、「荷花開闔」、「含苞的」、「吹笛」、「抱拳」、「平托」、「斜上托」、「斜下托」、「反彈琵琶手」、「小五花」、「鹿角」，手掌上揚或反折。

　　「敦煌舞」的手姿與《大悲心陀羅尼》、《瑜伽焰口》中諸多「觀音手印」、諸佛菩薩的手印密切相關，諸佛菩薩以手印慈悲救度眾生。例如：釋迦如來的五印：「施無畏印、與願印、降魔印（觸地印）、禪定印、說法印」；大日如來的二印：「法界定印、智拳印」〔註143〕；阿彌陀如來的九品來迎印〔註144〕。

　　記載的第一個手勢是「旗」，它的定義是「手指伸出併攏，拇指彎曲」，其用途是「將這種手勢舉至齊額處，表示一個打擊或炎熱、感情衝動、獲得幸福、傲慢自誇等。」兩隻手做「旗」且連在一起，手勢分開活動，表示炫目的光熱、湍急的驟雨或繽紛的落英。「旗」手勢手指向下，表示關上、打開、保護、覆蓋、稠密、祕密；這一手勢中手指上下活動，表示風和海浪迅速地波動、漲潮等。如果配合身體其他部位的動作，還可以表示擠壓、清洗、敲打、擊鼓、鼓舞、飛鳥、高度、數量多。這一段描述告訴我們：

1. 六十七個基本手勢所表達的涵義至少是手勢本身的數十倍。
2. 手勢並非僅僅是手的動態，它成爲語言的前提是與身體其他部位的動態相配合，這使得它能脫離「啞語」而成爲舞蹈。
3. 手勢的多種涵義，有類比而產生的（如從「獲得幸福」到「傲慢自誇」），也有引伸而產生的（如：「敲打」到「擊鼓」再到「鼓舞」），手勢涵義衍生的方式多種多樣。
4. 對同一手勢多種涵義的辨識，除所在位置不同，與身體配合的動態部位不同外，還須在一系列手勢構成的綜合「語境」中來把握。

〔註142〕高金榮：〈古老舞蹈的新生命──洞窟裡的舞蹈傳奇〉，《表演藝術》第20期，1994年6月。
〔註143〕《佛教圖像百科畫典》，（臺北縣：常春樹書坊，1997.3），頁278。
〔註144〕《佛教圖像百科畫典》，頁284。

手姿可以搭配身體的坐姿、跪姿、站姿、跳躍、旋轉等以移形換步。例如坐姿有：「結跏趺坐（吉祥坐、降魔坐）、半跏趺坐、蹲踞坐、跪坐、箕坐、交腳倚坐、輪王坐、半跏倚坐（思惟）、善跏趺坐、遊戲坐」〔註145〕。

二、手印的種類與意義

佛教每年都會舉行多次「焰口法會」（俗稱「放焰口」），法會中有主法的三位大和尚，會依照《瑜伽焰口施食要集》〔註146〕，比出各種手印以救拔受苦難的眾生

佛教的手印，是有規則的組成，每個指頭也代表著不同的意義，相互配合可以變化出各式各樣的手印，代表著各式各樣不同的意義。佛教密宗的手印，是代表某位佛菩薩或天神的意願和能力，也是權力、敕令的象徵。法會中，誦經持咒的僧侶，若做手印，有直接向諸佛菩薩溝通之意。

各式各樣的手印，都有它一定的作用和含義，例如：南懷瑾大師《密教圖印集》〔註147〕裡，大約有三、四百種密宗手印圖形，例如「妙見菩薩之印」、「日光菩薩之印」、「八大佛頂印、白傘蓋佛頂」等。以「白傘蓋印」的含義來說，是諸佛、菩薩、金剛疊坐於頭上，覆蓋自己，有如傘蓋。這種手印是一隻手的手掌向下，另一隻手的食指伸出，頂住向下那隻手的掌心，狀如一把傘。〔註148〕

（一）手印的種類

佛像手印例如：「施無畏印、與願印、說法印、禪定印、合掌」主要歸納自《中國美術全集·雕塑編 7·敦煌彩塑》、《中國美術全集·繪畫編 15·敦煌壁畫（下）》：

手　印	尊　稱	經變名稱（圖、雕塑造像）	年代、洞窟編號	《敦煌彩塑》〔註149〕頁碼
施無畏、與願印	佛	427 窟菩薩，南壁前佛西側；322 窟西龕內佛；244 窟北壁佛東側的壁畫菩薩	北周（557～581）	頁 56～57

〔註145〕《佛教圖像百科畫典》，頁 286～287。
〔註146〕《瑜伽焰口施食要集》，高雄市：裕隆，1997.1。
〔註147〕南懷瑾編：《密教圖印集》，臺北市：老古，1981.12.1。
〔註148〕林少雯：《氣功不神秘》第二輯（臺北市：大地，2003.9），頁 69～70。
〔註149〕《中國美術全集·雕塑編 7·敦煌彩塑》，北市：錦繡，1989.5。

	佛	27 窟，西壁雙層龕	盛唐（712～781）	頁 96
	佛	328 窟		頁 119
	迦葉	45 窟西龕內北側		頁 152
	佛	322 窟東側門上	初唐	《敦煌繪畫》〔註 150〕頁 10
		220 窟南壁〈阿彌陀經變〉		頁 11
施無畏印	佛	319 窟西龕佛壇	盛唐（712～781）	頁 103～104
		384 窟西龕		頁 134～135
與願印	菩薩(中坐、左站)、左迦葉	79 窟，西龕內北側		頁 108
	迦葉	444 窟		頁 116
	菩薩	66 窟		頁 117
說法印	佛	320 窟西龕內		《敦煌彩塑》〔註 151〕頁 99
禪定印	佛	彩塑一舖 427 窟中心柱南向龕	北周（557～581）	頁 64
合掌	脇侍			
	阿難	427 窟中心柱西向龕內北側		頁 65
		283 窟西龕內南側	初唐（618～712）	頁 76
		彩塑一舖 332 窟，中心柱東面		頁 94
	左脇侍	319 窟西龕佛壇	盛唐（712～781）	頁 103～104
胡跪合掌	菩薩	384 窟西龕內		頁 137、138、139
鹿角(左手)	天王	319 窟西龕佛壇北側		頁 106

在石窟經變圖和雕塑造像中，有的佛、脇侍菩薩雙手同時作「施無畏印、與願印」，「施無畏印」給眾生遠離怖畏的勇氣，有的單獨作「與願印」給予眾生希望。

（二）手印的意義

佛像經變圖與雕塑中，諸佛菩薩天人比出許多式樣的手印，不同的手印

〔註 150〕《中國美術全集・繪畫編 15・敦煌壁畫（下）》，北市：錦繡，1989.9。
〔註 151〕《中國美術全集・雕塑編 7・敦煌彩塑》，北市：錦繡，1989.5。

具有不同的作用與含義。南懷瑾編《密教圖印集》〔註152〕裡，收錄幾百種密宗手印圖形，例如：「妙見菩薩之印」、「日光菩薩之印」、「八大佛頂印、白傘蓋佛頂」等。

「白傘蓋印」的含義是說諸佛、菩薩、金剛疊坐於頭上，覆蓋自己，有如傘蓋。這種手印是一隻手的手掌向下，另一隻手的食指伸出，頂住向下那隻手的掌心，狀如一把傘。〔註153〕

林孝宗根據練氣功的過程，發現「手印的原理」與手掌的穴位及所屬的經脈有關，例如：左右手大拇指端與少商穴相接；食指端與商陽穴相接；手心即勞宮穴。〔註154〕氣功狀態常結手印有合掌印、蓮花手印、如來印與觀音印。〔註156〕

1. 合掌

《觀藥王藥上二菩薩經》：

> 繫念思惟……慈悲喜捨……苦諦集諦滅諦道諦……六和敬……合掌……東方無數諸佛　十方一切無數佛……遍禮十方無量一切諸佛〔註156〕

在敦煌舞的演出開始和結束常用合掌，一開始禮敬三寶、禮敬十方、有先靜定心神準備開始的合掌式，或坐或站已揭開表演的序幕；結束之前也常以站姿合掌昭告十方，表演暫時告一段落。而表演的過程可以單手立掌配合推跨、雙手平托、單手斜上托、斜下托，或坐或跪或站或轉圈，也可以捧托蓮花燈、花籃、油燈、香水瓶等道具，手指還可以配合蓮花指、蝶姿、翹三指、彎三指配合音樂、身形的移動，設計各種活潑的變化。

佛教的「合掌印」其實是有規則的組成：

左手表示禪定，右手表示方便。

十個指頭代表不同的意義，分別是菩薩道中的「施、戒、忍、進、定、智、力、願、方便和慧」十種意義，稱為「十度」。

左右手各五指，也表示「地、水、火、風、空」五種現象，稱為「五

〔註152〕南懷瑾編：《密教圖印集》（一），臺北市：老古，1981.12.1。

〔註153〕林少雯：《氣功不神秘》第二輯，（臺北市：大地，2003.9），頁69～70。

〔註154〕林孝宗：《自發功》，（桃園縣中壢市，自發功研究室，2003），頁236。

〔註156〕林孝宗：《自發功》，頁239。

〔註156〕〔南北朝〕畺良耶舍譯：《觀藥王藥上二菩薩經》，臺北市：新文豐，1987。（古籍善本影印無頁碼）

大」。五指中的「小指爲地、無名指爲水、中指爲火、食指爲風、大拇指爲空。」

以「十度」和「五大」相互配合，開、合、交叉、彎曲、伸直、鉤等等，可以變化出各式各樣的手印，代表著各式各樣不同的意義。〔註157〕

對佛教徒而言，「合掌」是非常恭敬的行禮，「合十法界於一心」，禮敬諸佛、菩薩、聲聞、緣覺、六道眾生。

「十法界」分爲四聖與六凡：

四聖指佛、菩薩、緣覺、聲聞四種聖者的果位，乃聖者之悟界；六凡則指天、人、阿修羅、畜生、餓鬼及地獄等六界，爲凡夫之迷界，亦即六道輪迴的世界。

何謂「一心」？根據《華嚴經》所言：

> 若人欲了知，三世一切佛，應觀法界性，一切唯心造。〔註158〕

心的作用能生萬物，修心可以上升、跳出輪迴之苦；不修行也可能墮落六道輪迴。所以《華嚴經》說：

> 心如工畫師。能畫諸世間。五蘊悉從生。無法而不造。〔註159〕

氣功中的「合掌」是一種非常簡單又重要的功法。當兩隻手合掌時，左右邊的手指、指間、手心緊密貼合。分布在身體左右的多條經脈，就可經由位於手掌心、指間或手指端的末端穴位之緊密接觸，同時構成許多環路，因而有迅速平衡身體左右兩邊脈氣的作用。練功到了高級階段，或內心非常靜、專

〔註157〕林少雯：《氣功不神秘》第二輯，頁71。

〔註158〕《大方廣佛華嚴經　卷第十九　昇夜摩天宮品》，于闐國三藏實叉難陀奉制譯。

〔註159〕《大方廣佛華嚴經　卷第二十　夜摩宮中偈讚品》，于闐國三藏實叉難陀奉制譯、《地藏菩薩本願經　覺林菩薩偈》「華嚴第四會。夜摩天宮。無量菩薩來集。說偈讚佛。
爾時覺林菩薩。承佛威力。徧觀十方。而說頌言：
「譬如工畫師。分布諸彩色。虛妄取異相。大種無差別。大種中無色。色中無大種。亦不離大種。而有色可得。心中無彩畫。彩畫中無心。然不離於心。有彩畫可得。彼心恆不住。無量難思議。示現一切色。各各不相知。譬如工畫師。不能知自心。而由心故畫。諸法性如是。心如工畫師。能畫諸世間。五蘊悉從生。無法而不造。如心佛亦爾。如佛眾生然。應知佛與心。體性皆無盡。若人知心行。普造諸世間。是人則見佛。了佛眞實性。心不住於身。身亦不住心。而能作佛事。自在未曾有。若人欲了知。三世一切佛。應觀法界性。一切唯心造。」

注之時，合掌還有發射和接收外氣的作用。合掌就像一支扁平的天線，可由十隻手指尖同時發射外氣或接收外氣。有時由一隻手的指端發射外氣出去，又從另一隻手的指端接收外氣。〔註160〕

雙手合十調的是陰陽及全身的氣，蓮花一朵，那張開的指頭上，二十個經絡穴位點，正在接收宇宙大能場所輸送過來的氣。〔註161〕

合掌，雙手合十，幾乎所有的宗教都有這一動作，甚至不一定在宗教裡，平常我們面對尊敬的人時，也可以用這個動作表示禮敬。蔣勳認爲雙手合十代表了人尋找他的重心，因爲兩隻手合在一起，一定是在胸前最中央的位置，就是找到了重心，一種端正的感覺。又如羅丹的雕刻，當我的右手跟你的左手靠在一起時，掌心對著掌心，就形成一個中空的空間，這裡面一定有一種愛意關心存在。〔註162〕以佛家來說，雙手合十可以想成眾生與佛接心，諸佛菩薩傳法給眾生，給修行的眾生力量，眾生接受佛菩薩的加持。

2.佛手／蓮花指——說法印

「蓮花手印」在《密教圖印集》稱做「八葉之印」。

「蓮花手印」在敦煌舞稱爲「蓮花指」或「佛手」，左右兩手的蓮花手印可以指物、作雙簧手、佛手對腕、小五花各種手姿。舞者隨著舞指手指的長短不同，可以彈性調整比法，使遠觀處的觀眾可以感覺舞者手指的修長，例如：姆指和中指指尖，有的貼合作鳳眼狀，有的分開作近橢圓形狀，有的姆指間接近中指指甲邊緣；食指有的伸直有的微彎；無名指和小指多作微彎。

佛教藝術多用「蓮花」，與佛陀本生的故事有關：

佛陀降生前，迦毗羅衛國淨飯王的宮廷中出現了八種祥瑞之相，百鳥群集在王宮頂上鳴聲相合；四時花木，悉皆榮茂，池沼內突兀盛開大如車蓋的奇妙蓮花。王后摩耶夫人得到預感退入後宮，凝神靜思，這時菩薩化作一頭六牙白象來入胎。

佛陀成道後，轉法輪（佈道）時坐的座位叫「蓮花座」，相應的姿勢叫「蓮花坐勢」，即兩腿交叉，雙腳放在相對的大腿上；足心向上。

以上佛陀本生故事中的「蓮花」，多出現在後來佛教「經變」藝術中，常以象徵的手法來表現「蓮花」與佛法相聯結的題材。例如：

〔註160〕林孝宗：《自發功》，頁237。
〔註161〕林少雯：《氣功不神秘》第二輯（臺北市：大地，2003.9），頁63。
〔註162〕蔣勳：〈牽手與擁抱〉，《身體美學》，（北市：遠流，2008.6.1），頁130～132。

摩耶夫人坐在蓮花上，周圍有六牙小白象向她噴水，代表「入胎」；有時只用一朵蓮花就代表這一變相。

在一幅轉法輪雕像中，佛陀端坐在一朵位於池中央的大蓮花上，池中錦鱗閃閃，小蓮花圍繞著佛陀開放。

在阿旃陀壁畫中，有一幅著名的「持蓮花菩薩」，菩薩頭戴高高的寶冠，上有鏤金的蓮花和茉莉花，右手持一朵蓮花，面部表情安詳閒適，反映內心世界圓覺無礙，已達到無上寧靜的境界。

蓮花經常出現在佛教經典中，漢譯佛經中常見「七寶蓮花」之稱；在佛教藝術中，蓮花是最常見的典雅題材。

石窟經變有《法華經變》圖。《妙法蓮華經》以蓮花為喻，既象徵教義的純潔高雅，又教導眾生修行的方法，只要依法精進，就會從蓮花化生，往生淨土最後成佛。

《雜寶藏經》載有「蓮花夫人」的故事，敘及雪山仙人的女兒，端正殊妙，步步生蓮；國王納之為妃，稱為「蓮花夫人」，後來生五百子皆大力士。〔註163〕

蓮花出淤泥而不染，潔身自愛，昂然獨立。「蓮花出淤泥，煩惱生菩提」。佛教認為：娑婆世界雖是一片穢土污泥，卻也是轉成淨土的養分，如何超凡脫俗，達到清淨無礙的境界，都是成佛之道的必經過程，蓮花與污泥的關係提醒眾生要「轉煩惱為菩提」、「轉識成智」，那麼「福慧雙修」就是菩提道上的資糧。所以「蓮花」成為佛教徒「共勉之」的象徵。

舞姿之外，在佛教徒的打招呼禮中除了合掌問訊、說「阿彌陀佛」（漢譯：無量光、無量壽、無盡的祝福），也可以用雙手或單手的蓮花指左右搖晃表示「您好」，例如在大眾的場合因為遠距離聽不到對方說話，就可以把雙手蓮花指舉高左右搖動配合微笑，對方即使讀不到唇語也知道是問好；或者開車要進到會場，有交通志工導護，一邊手握方向盤，一邊手拿指揮棒又要吹哨子指揮，只要各自以單手舉高作蓮花指搖晃加上微笑就是互相行禮打招呼了。也因此在敦煌舞的表演中，蓮花指不但有美麗的舞姿，也是對諸佛菩薩天人眾生諸位觀眾，作出最殷勤的問訊。

氣功中的「蓮花手印」跟「合掌印」一樣簡單，只用兩手的手掌和手指捧成碗狀，像一朵盛開的蓮花。結印時，大都是兩隻手掌的手腕直接貼合而

〔註163〕李濤：《佛教與佛教藝術》，（臺北市：水牛，1992.6.1），頁150～151。

成。蓮花印的形態很像碟型天線。外氣從手掌的各個穴位發射出去，到很遠的地方後折回，又從這些穴位進來，轉化爲內氣。這樣一發一收，就可傳送或取得一些信息。就像雷達的天線一樣，可發射微波出去，也可接收和分析帶有目標信息的反射波。有些時候結蓮花印純粹只是左右手同時接收大量的外氣，從中得到能量和信息。〔註164〕

林少雯的練功經驗是，氣在筋絡中行走，它會自動牽引去做各種動作幫助疏通氣脈，有時雙手會「合十」也會作「蓮花指」。雙手合十調的是陰陽及全身的氣；蓮花一朵，那張開的指頭上，二十個經絡穴位點，正在接收宇宙大能場所輸送過來的氣。〔註165〕

不同的手印，可經由不同的經絡調整氣場。〔註166〕

佛教密宗的手印，是代表某位天神的意願和能力，所以手印，雖是雙手的各種姿勢，但卻是權力、敕令的象徵，猶如印璽般的具有權威。僧侶們平日誦經咒峙，若做手印，效果會更靈驗，有直接向諸神溝通之意。〔註167〕這在全年之中多次的焰口法會，根據《瑜伽焰口施食要集》都可以印證。〔註168〕焰口中和尚比出的各式手印具有慈悲濟世、普渡眾生、趨吉避凶、引導向善的功能與深義。

就氣功而言，手印就像雷達的天線，可以接收大自然的信息。

就敦煌舞姿的宗教功能而言，一方面以舞供神，是信徒以美麗的舞姿供養諸佛菩薩；一方面藉舞說法，諸佛菩薩以手印傳達佛法，信徒進而以手印弘揚佛法。手印就是人與神佛的溝通代號，也可以象徵凡人要進入修行高層境界的通關密語。

在每次的敦煌舞表演與信徒的觀賞中，敦煌舞姿所比出的「手印」雷同

〔註164〕林孝宗：《自發功》，頁238。

〔註165〕林少雯：《氣功不神秘》第二輯（臺北市：大地，2003.9），頁63。

〔註166〕林少雯：《氣功不神秘》第二輯（臺北市：大地，2003.9），頁63。
「一年多來，我打坐時，氣會舉起我的雙手，讓它合十，做平劇動作中的蓮花指，近日還常會將合十的雙掌分開，且張開指頭微彎，狀似蓮花，雖然這都是密宗手印，各有含義，代表的是手勢語言；但以氣功學的角度來看，往往符合中醫學的經絡、陰陽、五行相生相剋的原理，所以不同的手印，可經由不同的經絡調整氣場。」

〔註167〕林少雯：《氣功不神秘》，頁67。

〔註168〕例如：清明梁皇法會、七月盂蘭盆普渡、年底水陸法會等常時間的法會都會有1～2場以上的「放焰口」，儀軌依照，《瑜伽焰口施食要集》，（高雄市：裕隆，1997.1）。

於法會壇場中和尚所比的手印，再再引領信徒一次又一次的進步，鼓勵信眾見賢思齊，效仿十地菩薩，不斷的提升，因爲修行如逆水行舟不進則退，惟有再三的加行精進，終底於成。

三、思惟菩薩

思惟菩薩常做「彌勒菩薩像」，當來下生彌勒佛，現正在兜率內院講經說法，《梁皇寶懺》〔註169〕十卷的每一卷末「龍華三會願相逢」，說的是釋迦牟尼佛滅度之後將會誕生在娑婆世界就拔眾生離苦得樂的就是彌勒菩薩，又名「慈誓菩薩」眾生可要把握得度的機緣，不只是家家戶戶擺一尊大肚彌勒招財進寶而已。

在石窟經變圖和雕像中，思惟菩薩或坐姿交腳；或一隻腳單盤另一隻腳垂下，一手掌托腮另一隻手背作托腮那手肘的托盤，臉色表情作安詳若有所思貌。

「思維菩薩」經變 （圖、雕塑造像）	年　　代	洞窟編號	《敦煌彩塑》 〔註170〕頁碼
交腳彌勒菩薩	北涼（421～439）	275窟南壁上端東側	頁4
交腳彌勒菩薩	北魏（439～535）	254窟南壁上部	頁4～5
思惟菩薩	北魏（439～535）	257窟中心柱南向龕上層龕內	頁26
思維菩薩	初唐	57窟西壁龕內南側	《敦煌壁畫》〔註171〕
			頁7
		57窟南壁說法圖	頁9
		329窟北壁〈彌勒經變〉	頁28、29

小　結

絲路要邑敦煌，融合東西各民族文化，從五胡十六國起到南北朝、隋唐、五代、宋元，在不同的朝代中開有的洞窟中都有樂舞的形象畫面，並多爲佛教天界的「樂舞伎」，或披髮或梳髻，或花飾或戴珠寶冠，或肩披長巾，

〔註169〕《金山御製梁皇寶懺》，臺北：白馬書局（佛教文物流通處），1996。
〔註170〕《中國美術全集·雕塑編7·敦煌彩塑》，臺北市：錦繡，1989.5。
〔註171〕《中國美術全集·繪畫編15·敦煌壁畫（下）》，臺北市：錦繡，1989.9。

或坐或舞，或手持樂器，簫箏阮笛琵琶、腰鼓羯鼓鞍鼓，雍容華麗姿態美妙；而相貌慈和、穩重莊嚴的「佛像」於蓮花之上以各式手印，弘法佈道、濟世度眾。